活动策划与文案写作实用手册

徐军◎著

中国纺织出版社有限公司

国家一级出版社
全国百佳图书出版单位

内 容 提 要

无活动，不运营。无论什么单位，所处行业如何，要想高效运营，都离不开举办活动。本书从活动策划的角度切入，深入浅出地分析了其价值、步骤、主题，并且详细地列举了活动文案的写作技巧，剖析了活动的引爆和聚焦问题，巧妙地把活动策划和文案写作糅合在了一起，为读者献上了一本实用性很强的活动策划和文案写作宝典。

图书在版编目（CIP）数据

活动策划与文案写作实用手册 / 徐军著. --北京：中国纺织出版社有限公司，2020.5（2024.2重印）
ISBN 978-7-5180-7274-3

Ⅰ.①活… Ⅱ.①徐… Ⅲ.①活动—组织管理学—手册②汉语—应用文—写作—手册 Ⅳ.①C936-62 ②H152.3-62

中国版本图书馆CIP数据核字（2020）第053967号

策划编辑：于磊岚　　　特约编辑：王福振
责任校对：王蕙莹　　　责任印制：储志伟

中国纺织出版社有限公司出版发行
地址：北京市朝阳区百子湾东里 A407 号楼　邮政编码：100124
销售电话：010—67004422　传真：010—87155801
http://www.c-textilep.com
中国纺织出版社天猫旗舰店
官方微博 http://weibo.com/2119887771
北京虎彩文化传播有限公司印刷　各地新华书店经销
2020 年 5 月第 1 版　2024 年 2 月第 7 次印刷
开本：710×1000　1/16　印张：13.5
字数：138 千字　定价：52.80 元

凡购本书，如有缺页、倒页、脱页，由本社图书营销中心调换

前言

无策划，不活动；无文案，不营销。活动策划得好，文案创作得好，企业才可能创造出奇迹。但是，活动和文案虽好，并不意味着我们随便做个活动、写个文案就能火爆起来。正如药不能乱吃一样，做活动、写文案如果没有章法，随性而为，就会竹篮打水一场空，甚至收到负面的效果。因此，要想高效地利用活动和文案，就必须学会策划，掌握文案写作技巧。

那么，要想做好活动，写好文案，我们需要遵循哪些章法呢？

明确目标。很多成功的企业家在讲述自己的创业故事时，都会强调目标的重要性，目标明确了，行动才能有的放矢，只要坚持下去，也就能够取得成功。活动策划和文案写作也是如此。有了明确的目标后，我们在策划活动和写文案时才会始终沿着一个方向前进，才会以最小的投入收获最大的成果。

制订计划。很多时候，未雨绸缪总是好的。摸一摸市场的体量，我们才晓得做多大的衣服。因此在活动策划和文案创作时，我们需要提前制订计划，明确各个环节，掀起头脑风暴，然后完美地执行，最终达到预期的效果。

善于创意。并非每项活动、每篇文案都能吸引人、打动人，因为人们往往只关注那些有创意的事物，对那些乏善可陈的东西产生不了丝毫的热情。所以，优秀的活动策划和文案一定会在创意上出彩，或令人眼前一亮，或让人高声尖叫……如此，人们才更有兴趣了解产品，信任企业。

关联利益。"天下熙熙皆为利来"，人们对涉及自身利益的事物往往会更加关注，更愿意投入大量的时间和精力。所以，好的活动策划和文案都会最大限度地关联用户利益，或为大家带来折扣，或为大家带来新颖的体验，或为大家奉献一场久违的思想风暴……当活动和文案有了用户渴望的利益后，也就会成为用户关注的焦点，就可能达到预期的效果。

走心有情。活动策划和文案创作的最终目的是推动用户进行分享，让用户变成我们的代言人，吸引更多的人。这就要求我们站在用户的立场上思考，分析他们如何才会分享这样的活动。因此，我们在策划活动和创作文案时要走心用心，理解用户，亲近用户，满足用户，在情感上给予用户慰藉。

所以，不管是创业的个体，还是披荆斩棘向前迈步的企业，都要熟悉活动策划和文案创作，这样才能更好地做好运营，更轻松高效地实现预定目标。

徐军

2020 年 1 月

目录

1 价值：策划让活动更具影响力

对企业而言，做好活动策划意义重大：聚集流量、提高品牌曝光率、提升用户关系黏度、强化参与感，等等。简而言之，活动策划得好，企业和商家便能更好地传播产品信息，打造良好的品牌形象，最终获得更大的利润。

1.1 活动策划的目的和要点

活动策划有一定的目的性和操作要点，掌握了这些，我们在具体策划时才能始终掌控住大方向，为高效完成策划目的打下坚实的基础。

1.1.1 活动策划的目的

对于企业和商家而言，优秀的活动策划能够显著地提升产品市场占有率，一份富有创意且操作性强的活动策划案，能够极大地提升企业产品及品牌的知名度和美誉度。

一般来说，活动策划有三个目的，如图1-1所示。

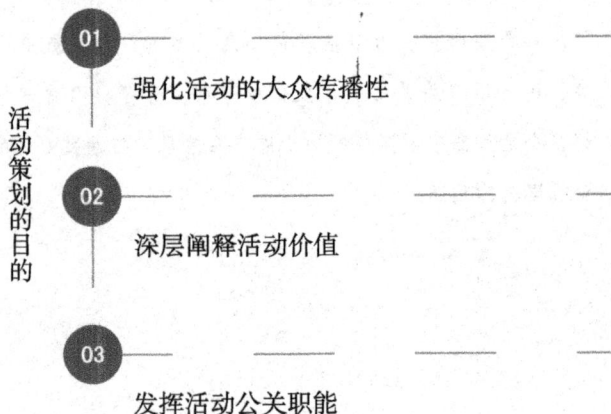

活动策划的目的

01 强化活动的大众传播性

02 深层阐释活动价值

03 发挥活动公关职能

图1-1 活动策划的目的

（1）强化活动的大众传播性。优秀的活动策划能够极大地提升用户的参与感和体验感，推动用户之间的自传播，继而依靠用户的分享获得巨大的影响力。比如在一家企业举办的"粉丝节"活动中，诸多明星被邀请来为留守儿童募捐，借助这些明星的影响力和活动的公益属性，该企业极大地提升了其品牌在用户群体中的美誉度。这种活动策划本身就具备了相当大的新闻价值，能够在第一时间吸引大众传媒的关注。

（2）深层阐释活动价值。活动不可能向用户传递和企业、产品及品牌相关的所有信息，只能依靠精心的策划，聚焦用户的需求，以用户喜欢的方式向他们传递深层的信息，强化活动的价值。简而言之，优秀的活动策划可以帮助企业更精准、详尽、深入地向目标用户传递信息。

（3）发挥活动公关职能。活动策划通常是围绕某一主题展开的，诸如吸粉引流、促销、环保、公益等，通过这些活动和用户进行深入互动，进一步提升企业和用户之间的关系。更重要的是，优秀的活动策划能够通过和用户间的互动发挥活动的公关职能，最大限度地提升企业品牌的美誉度，快速传播品牌。

1.1.2　活动策划的要点

要想做好活动策划，就必须掌握活动策划的要点，这样才能彰显活动策划的价值。一般来说，活动策划需要掌握四个要点，如图1-2所示。

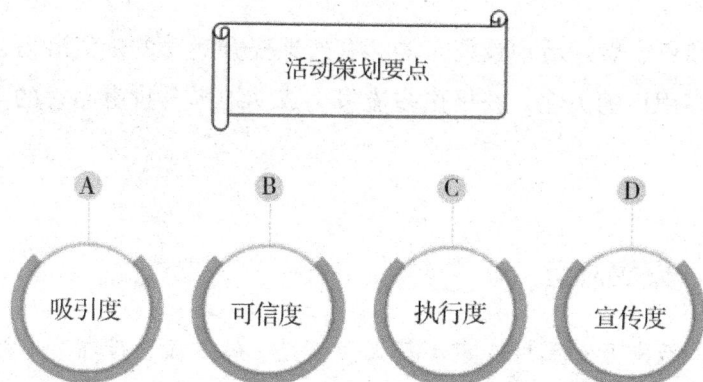

图1-2　活动策划四要点

（1）吸引度。一个活动策划得好坏，最重要的是吸引度，能够吸引用户，活动策划便成功；相反，就失败。因此，策划的活动要有吸引点，首先要能吸引自己，活动主题要能在目标用户群体中引发关注，继而激发用户群体的强烈参与感。

（2）可信度。活动策划者要重视活动的可信度，因为活动只有被用户贴上"可信"的标签，生命力才会更长久，才更易被用户转发和分享。

（3）执行度。活动策划不仅要有吸引力、要可信，还需要具备良好的执行度。比如在活动步骤、活动时间等方面进行细化，确保活动的顺利开展。另外，针对一些潜在的突发因素，活动策划者还要制定相应预案，确保活动在各种情况下都能开展。

（4）宣传度。活动影响力要想达到最大，效果达到最佳，活动策划者就必须提升活动的宣传度，重视活动宣传渠道的建设，要让更多的用户参与到活动中来，给予他们更好的活动体验，引导他们自发地分享活动信息，实现最佳的品牌宣传效应。

1.2　活动策划的价值

企业和商家做好活动策划，能够有效地提升活动的价值潜力，依托活动吸引更多用户的关注，获得更多流量，成功地提升自身品牌的美誉度和口碑形象。

1.2.1　聚集流量

活动的双向互动属性决定了其天生就是一款"流量神器"，策划得好，必定能够为企业的产品或品牌带来足够的关注度，培养更多的粉丝。简而言之，优秀的活动策划能够让用户参与进来，谈论活动，评论活动，转发活动。

活动策划能够从三方面引爆流行，聚集流量，如图 1-3 所示。

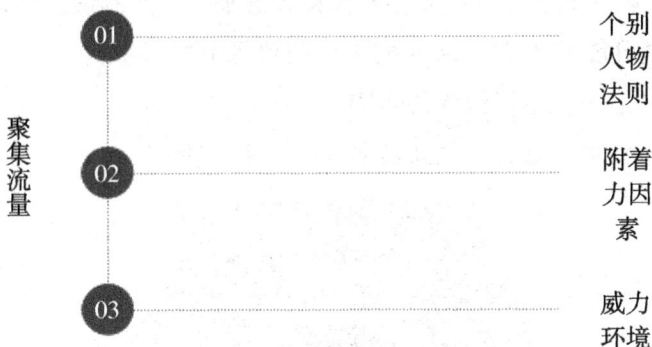

图1-3 聚集流量三要点

（1）个别人物法则。通过邀请明星、名人、网红、社交达人、知识达人等提升活动的受关注度，吸引更多人关注、分享，因为这些人往往都自带话题和流量。比如曾经风靡全球的"冰桶挑战"，之所以能够快速地成为"流量之王"，一个最关键的因素是被点名的人大都是各个领域内的名人，受关注度强。

（2）附着力因素。若能够把当前的流行元素融入活动中，为活动贴上潮流的标签，就可以吸引粉丝，引爆流行。

（3）威力环境。活动策划能够构建流行所需的环境和场景，强化活动在用户眼中的魅力，继而为活动吸引更多的粉丝，引导更多人口口相传或者在自媒体社交平台上分享转发。

1.2.2 提高品牌曝光率

对企业和商家而言，品牌曝光率越高，用户越熟悉越认可，产品的销售就越顺畅。要想提升品牌的曝光率，就离不开活动策划，因为优秀的活动策划能够让用户愉悦地接受企业和商家品牌的信息，甚至主动转发和分享品牌信息。

比如 2019 年春节到来之际，支付宝推出的"集五福"活动便大大提升了自身品牌的知名度。支付宝把每个"福"抽到的概率设为均等，用户通过 AR、蚂蚁森林浇水等就可以轻松地集齐五福。虽然到最后用户所获得的"红包"金额可能并不大，这种把物质获得和愉悦体验完美融于一体的活动，却在用户心中留下了深深的烙印。

通过这一活动，支付宝收获良多，如图 1-4 所示。

图1-4　支付宝"集五福"活动的收获

1.2.3　培养感情

一个优秀的活动策划善于营造"双赢"效果：一面提升企业品牌的曝光度，增加产品销量；一面带给用户物质和精神上实实在在的利益，增加企业与用户之间的情感连接。

活动策划能够培养感情，主要体现在两个方面，如图 1-5 所示。

图1-5　活动培养感情的两个方面

（1）培养企业和用户情感。优秀的活动策划能够在企业和用户之间架起沟通交流的桥梁，显著提升企业的用户黏度，提升企业品牌在用户心中的亲近感和信任度。

（2）培养用户之间情感。优秀的活动策划能够建立用户之间的连接，结识新朋友，组建新圈子，帮助用户编织更大的人脉网络。比如支付宝在2019年春节来临之际推出的"咻一咻"活动，用户在支付宝中首次添加十名好友就可以得到三张福卡，而且用户之间还可以相互交换多余的福卡。这种活动策划可以吸引用户把自己的朋友"拉近"支付宝，还可以强化用户之间的互动。

1.2.4　强化参与感

一个好的活动策划，其价值还表现在强化用户参与感上。因为只有用户主动参与活动，企业和商家才能高效地向用户传递商业信息，快速地实现与用户的互动。

在提升活动参与感时，活动策划者可以灵活运用三个战术，如图1-6所示。

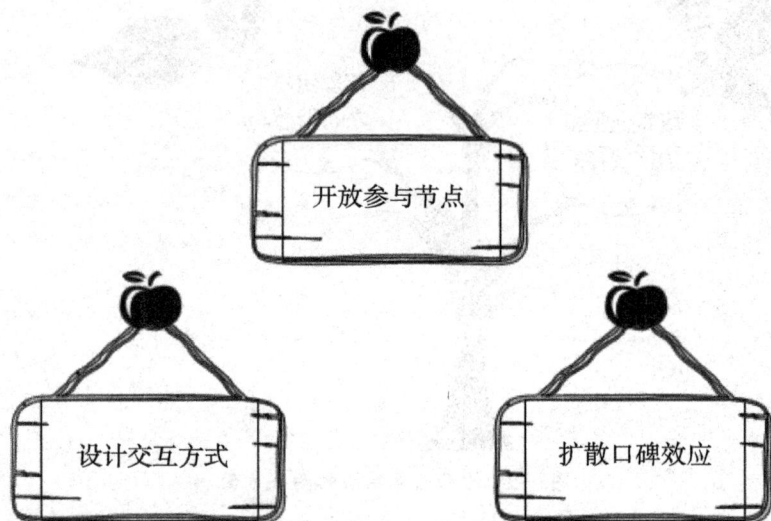

图1-6　强化用户参与感的三个战术

（1）开放参与节点。开放做服务、做品牌、做销售的过程，筛选出能够让企业和用户彼此都获益的节点，如此一来，双方获益的参与互动才可持续。

（2）设计交互方式。根据开放的节点进行相应的设计，互动建议遵循"简单、获益、有趣和真实"的设计思路。

（3）扩散口碑效应。先筛选出第一批认同和热爱产品的粉丝，进行小范围"发酵"，营造强烈的参与感，把基于互动产生的内容做成可以快速传播的信息，继而让口碑产生裂变，吸引更多的用户参与。

小米手机的成功便源于举办的一系列参与感强烈的活动。早在第一代小米手机尚未发布之前，MIUI论坛上就出现了一群产品的"铁粉"。他们积极参与小米手机的研发和品牌塑造等各个环节，才有了小米手机的快速崛起和迅猛发展。

1.3 活动策划的优势

对企业和商家而言，活动是推广和营销产品的首选，因为相对于其他营销和推广方式，活动本身自带强大的传播属性，受众范围广，成本低，品牌效应好。

1.3.1 互动传播能力强

活动天生就自带互动传播属性，一个优秀的活动策划，通常具备三个特点，如图 1-7 所示。

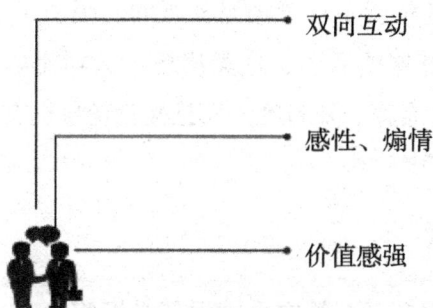

图1-7 高互动性活动策划三特点

（1）双向互动。优秀活动往往互动性更强，能够在和用户群体的双向互动中有趣、高效地传播企业和产品信息。

（2）感性、煽情。优秀活动大多都是感性的，能够和用户产生情感上的共鸣，吸引用户口口相传抑或通过社交平台转发分享。

（3）价值感强。有用户感兴趣的价值，能够强化活动互动性，有效地调动用户参与活动的积极性。

从第一届粉丝节开始，联想便积极尝试与更多的年轻粉丝进行互动，比如使用年轻人追捧的直播平台对 Techworld 创新大会进行全程直播，邀请人气偶像鹿晗作为联想小新笔记本的代言人，致敬全球魔兽粉丝发布拯救者魔兽定制 PC，等等。这些活动都标志着联想年轻化的基因愈发强烈，大大提升了联想在年轻人心目中的亲切感。

1.3.2　受众范围广

每个人都对活动有着天生的亲近感。当活动策划者能够根据目标用户需求特点定制活动时，便能收获更多粉丝，取得更好的活动效果。简而言之，只要活动足够吸引人，那么企业产品的潜在用户，甚至之前对企业产品不感兴趣的人也会主动参与活动，成为企业产品的粉丝和品牌口碑的传播者。

一家房地产公司，在春节到来之际邀请了某位知名影视明星参加楼盘开盘活动，并邀请这位明星参观楼盘样板间，吸引了众多粉丝，把售楼部围得水泄不通。通过这项活动，这家房地产公司得以进入更多人的视野，不仅成功提升了自身品牌的知名度，而且楼盘销量也有了很大的增长。

1.3.3　成本低

对企业和商家而言，不管在电视上还是网络平台上做广告，成本都比较昂贵。特别是对一些中小型企业而言，花费较高的成本在电视、报纸、网络平台上做广告，会面临三个方面的困境，如图 1-8 所示。

（1）成本高。动辄几十万、几百万甚至几千万的广告费用，对中小型企业而言是一笔巨大的开销，即使勉强拿出，也会对企业的正常运营造成巨大的影响。

（2）效果不佳。花费巨额广告费在电视、报纸、网络平台上做广告，效果很难保证，甚至会因为不符合消费者的实际需求而激不起一点涟漪。

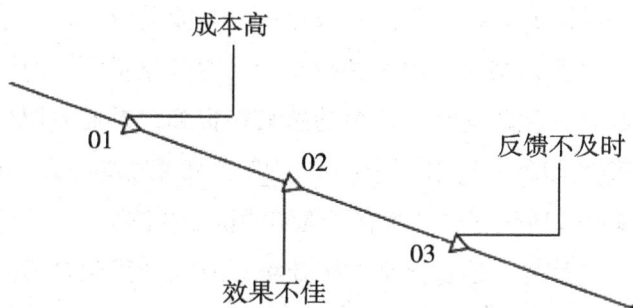

图1-8　企业利用传统传播渠道的三个困境

（3）反馈不及时。在电视、报纸、网络平台上投放广告，企业和消费者之间是单向的信息传播，企业很难在第一时间获得反馈。

而活动能有效地避开这些困境，企业以活动的形式进行产品推广，成本较低，效果却更为显著。而且企业和消费者之间的互动是双向的，因为活动在消费者眼中会更有温度，更具体验感。

1.3.4　品牌效果好

活动的另一个优势是能够帮助企业和商家快速提升品牌形象，树立品牌口碑，如图 1-9 所示。

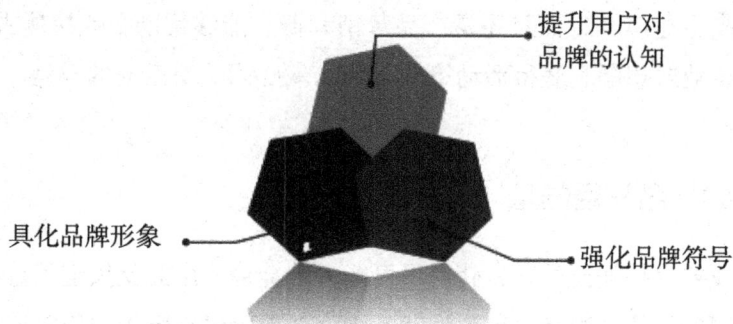

图1-9　活动策划的品牌效果

（1）提升用户对品牌的认知。通过真实的面对面沟通，企业可以让用户进一步感受品牌的调性和特点，继而对品牌产生更好的印象。

（2）具化品牌形象。在很多人的认知中，企业品牌往往是抽象的、看不到、摸不着的，所以很多人对这种抽象的品牌印象不深。而活动则可以把抽象的品牌具化，使之能够为用户的感官捕捉到，继而使用户对品牌形象有一个更深刻的印象。比如一家进口水果公司通过举办大型试吃活动，让用户对其水果品牌所代表的品质有了真实的认知和体验。

（3）强化品牌符号。通过活动，企业可以有效地强化自身品牌在用户认知上的符号意义，比如孕婴店让用户在购买奶粉时首先就想到自家，运动品商店让用户在购买运动器材时首先想到自己。

2018年11月，小米集团在海南省三亚市举办了2018年最后一站"橙色跑"。作为和"米粉"亲密接触的大型线下跑步活动，"橙色跑"2018年走过了十个城市。这一活动的成功举办，大大提升了小米品牌在用户心中的形象，彰显了小米品牌的社会责任和青春气息，取得了良好的品牌宣传效果。

1.4 活动策划的类型

对企业而言，一个好的活动策划作用是强大的，不仅能够提升品牌形象、提高企业声誉，而且还是产品营销利器，能够帮助企业快速占领市场。然而，企业要想顺利获得活动策划红利，就必须选对活动的类型。

1.4.1 盈利目的型

企业要生存就要盈利，获得尽可能多的金钱，由此就决定了盈利目的型活动策划的价值。当然，盈利型活动策划并非仅仅着眼于如何赚钱，除此之外，还可以帮助企业吸引更多的粉丝，强化粉丝关系黏性，等等。

盈利目的型活动策划的目标可以分为两种，如图1-10所示。

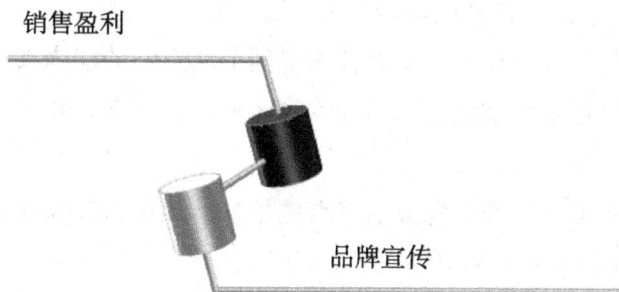

图1-10 盈利目的型活动策划目标

（1）销售盈利。这是盈利目的型活动策划的首要目的。如何通过活动更多地卖出产品，获得最大利润，是盈利目的型活动策划者首先要考虑的问题。

（2）品牌宣传。除了盈利之外，企业还可以借助活动有效地提升用户对品牌的认知度。

银川一家牛奶生产企业在春节到来之际在全市各大超市开展了"买三赠一"活动，由于诚意十足，优惠力度大，所以吸引了众多消费者参与，公司产品销量大增。而且该牛奶企业活动的信息被大家转发到微信朋友圈，企业品牌为更多人所熟知。

活动策划者如何推动盈利目的型活动呢？可以分四个步骤，如图1-11所示。

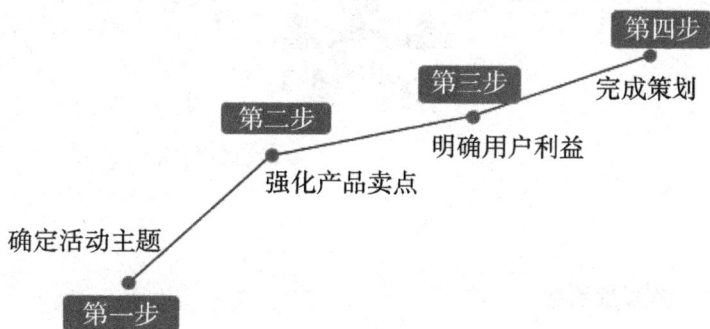

图1-11 推动盈利目的型活动的四个步骤

（1）确定活动主题。消费者对活动的兴趣点是什么，关注点是什么，有什么需求？在解答这些问题的前提下确定活动的主题。

（2）强化产品卖点。产品有什么鲜明的卖点？功能强大还是科技感十足？价格便宜还是品质优良？活动策划者必须为消费者找一个购买产品的理由。

（3）明确用户利益。告诉消费者能够从活动中得到什么好处，享受到什么优惠待遇，刺激消费者参与、购买。

（4）完成策划。对策划的各个步骤进行检查、复核。

1.4.2　宣传推广型

除了销售产品赚钱盈利以外，有些企业着眼于长远发展，非常重视品牌的宣传和推广。在这种需求基础上，就产生了宣传推广型活动。简而言之，宣传推广型活动是以品牌宣传为主的活动。比如每年都备受时装界瞩目的"维多利亚的秘密"，凭借着气质十足的模特和引领潮流的时装，成为享誉全球的品牌展示活动。

活动策划者在策划品牌推广型活动时，可以根据企业的实际情况，灵活选择活动形式，如图1-12所示。

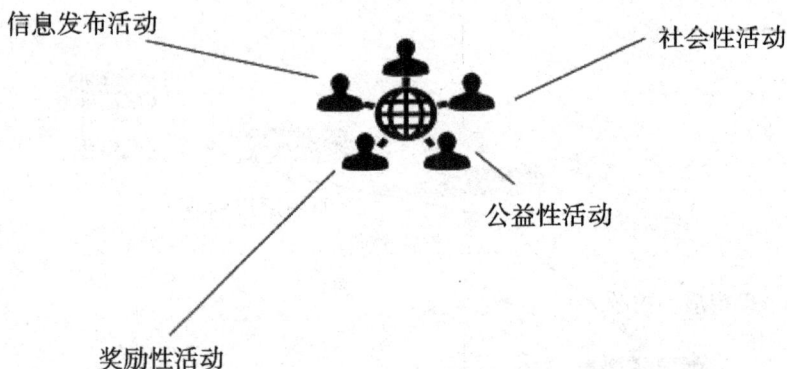

信息发布活动　　　　　　　　社会性活动

公益性活动

奖励性活动

图1-12　宣传推广活动的四种形式

（1）信息发布活动。通过产品发布会、新闻发布会等活动形式向用户传递产品、品牌最新信息。

（2）社会性活动。通过粉丝节、城市跑等活动，展现品牌对粉丝的关注、关怀，提升品牌在用户心中的亲近感和认可度。

（3）奖励性活动。通过分销商奖励大会、专业用户奖励大会等活动，向用户展示品牌价值和成就，提升品牌的影响力。

（4）公益性活动。通过关爱留守儿童、健康全国型等活动，以博爱展示企业品牌的社会责任，赢得用户的尊重，推动用户分享传播。

2

思路：思路决定方向，方向决定效率

思路之于活动策划，就好比灵魂之于人。思路正确，活动策划才会更有个性，对用户才更有吸引力。因此，活动策划者必须保持正确的活动策划思路，为活动的顺利、高效开展指出正确的方向。

2.1 掌控活动节点

一项活动会存在诸多关键性的节点，诸如致辞、游戏互动、抽奖，等等。活动策划者必须重视这些节点，以节点掌控整个活动的节奏，最终推动活动顺畅、高效地展开。

2.1.1 制定总体方案

企业和商家在进行活动策划时，需要提前制定活动总体方案，构建好活动脉络结构，才能保证活动有明确的方向。活动的总体方案起到的是指向作用，因此可以不必太详细，只要满足三个要求即可，如图2-1所示。

简单、明了、易懂

可行，易操作

方案要周全

图2-1　活动总体方案要求

（1）简单、明了、易懂。活动的总体方案要尽可能简单、明晰、易懂，这样才能为活动指明具体的方向。

18

（2）可行，易操作。活动总体方案必须要可行，切忌脱离实际、想入非非。另外，活动总体方案还需具有可操作性，避免繁琐。

（3）方案要周全。活动的总体方案，要详细列出活动的起止时间、主题、参与人员、步骤、细节等。

2.1.2 掌握总体预算

掌握活动成本是活动策划的一个重要方面，因为只有清楚活动的总体成本，才能做好整个活动的策划，评估活动的性价比。

那么，如何才能掌握活动总体预算呢？要想解决这个问题，可以从两个方面做起。

（1）估算活动成本。在进行活动策划之前，首先应该对活动的总体成本有一个大概的估算。活动的内容不同，估算的要素必然也会存在差异，这就需要我们在估算过程中多与其他部门人员沟通，多搜集相关预算资料，多调研市场相关产品成本。

（2）细算活动成本。我们估算出活动的总体成本后，为了进一步评估活动的性价比，确定活动的各个环节，还需要进行成本细算。

一家外贸企业准备在一家四星级酒店大堂内举办年会，活动策划人员对年会各方面的成本进行了细算，如图 2-2 所示。

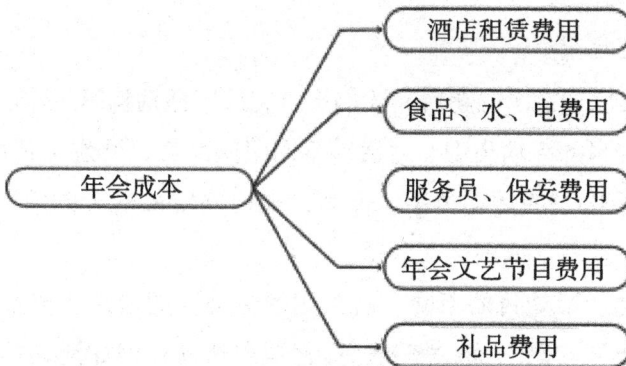

图2-2 某企业年会成本细算图

2.1.3　制定活动工作安排

活动方在确定好活动的方案和成本后，要进行初步的活动策划，做出相应的活动安排。一般而言，我们需要从四个方面做好活动工作安排。

（1）组织一个团队。正所谓"一个好汉三个帮"，一个完美的活动策划需要一个团队群策群力，一个人即使再有才能和精力，也很容易出现纰漏。

那么，如何组建一个活动策划团队呢？一般而言，活动策划团队的大小是由活动大小决定的：小型的活动策划团队人数以十人以下为宜，大型活动要根据具体要求进行人数的拟定。在进行决策时，活动策划团队负责人应广泛征求各成员的意见，力求做出新意，做出个性。

（2）重视活动构思工作。活动策划团队组建完成后，负责人就可以进行活动的构思工作了。活动构思好不好，将直接决定活动的成败，因此要引起足够的重视。

一般而言，我们在构思活动时需要考虑七个问题。

我们为什么要举办这次活动？

这次活动的主题是什么？

活动是一次性的还是成系列的？

什么时候开始？

在什么地方举办？

主要有什么内容？

主要吸引哪些用户？

当我们回答完这七个问题后，我们也就完成了活动构思工作。

（3）选择恰当的活动类型。对活动策划团队而言，要想达到最佳效果，就要选择一个最恰当的活动类型。那么，如何确定最适合的活动类型呢？可以从三个方面思考，如图2-3所示。

①活动目的。活动目的不同，所采用的活动类型自然也要不同，比如活动的目的在于买产品，那就需要选择营销类活动；假如活动的目的在于

维护粉丝关系，提升信任感，则娱乐性活动比较合适……

图2-3 决定活动类型的三个要素

②活动主题。我们可以根据确定的活动主题确定活动类型，比如主题相对严谨，那么我们就选择新闻发布会活动；如果主题相对轻快活泼，我们就可举办转发抽奖活动……

③企业实力。企业需要根据自身实力灵活地确定活动类型。实力较弱，可选择线上活动；实力较强，可选择线下活动，抑或线上线下同步。

（4）预留缓冲时间。通常而言，我们在策划活动的过程中，经常会遇到一些问题，诸如活动场地出现变故、演出人员变动，等等。这些问题的解决都需要花费一定的时间，因此，我们在策划活动时需要预留一定的缓冲时间。

2.1.4 制定活动备用预案

在活动开始前或者开始后，可能会出现一些意外，导致活动方案无法顺利实施，为了预防万一，我们要制定一份活动备用预案。活动的备用预案和总体方案差别并不会太大，只有为了应对一些不可预测的因素而做出的备用活动方案，其实就是活动总体方案的"备胎"。

比如，我们在活动总体方案中把活动的场地定在某中学的室外操场上，但是考虑到当天可能出现的大风雨雪天气，那么在备用方案中，我们就可以把活动场地改为市体育馆；针对活动时可能出现较大人流量的情况，我们可以在备用方案中通过和保安公司合作加以解决。

2.2　遵守活动原则

为了确保活动达到预期的效果，企业和商家在做活动策划时，要遵守一定的活动原则，以保证活动的科学性、易操作性、创新性、传播性和针对性。

2.2.1　易操作

对活动方而言，一个好的活动除了能实现预期效果外，还必须可操作、易操作。这样，企业和商家才能以最少的投入获得最大的收益。

那么，活动的易操作性具体表现在哪些方面呢？易操作的活动首先是科学的，其主题设置必定符合实际，各个环节容易实现，且对用户具有相当强的吸引力。

我们要想做出易操作的活动策划，可以从三个方面入手，如图2-4所示。

聚焦执行性

强化实操性

突出绩效性

图2-4　易操作文案的三个方面

（1）聚焦执行性。我们在进行活动策划时，要在高效和科学合法之间找到一个平衡点，使活动策划能够顺畅地变为现实。

（2）强化实操性。活动策划能否快速实施？能不能快速启动？在一些特别场景中是否适用？完美地解决了这些问题，就证明活动策划有着较强的实操性。

（3）突出绩效性。活动策划的最终目的是通过活动更好地卖出产品，提升品牌知名度，获得利益。因此，活动策划的易操作性还体现在绩效性上，能够快速实现转化的活动才更具操作性。

2.2.2　有创意

当前，企业和商家开展活动的主要目的是销售产品，或提升自身品牌知名度，或强化粉丝连接，抑或兼而有之。在这种背景下，要想做出成效，就必须遵守活动的创新原则，为活动添加一些新奇元素，增加活动的吸引力。

那么，如何才能使活动有创意呢？我们可以从五个方面切入，如图 2-5 所示。

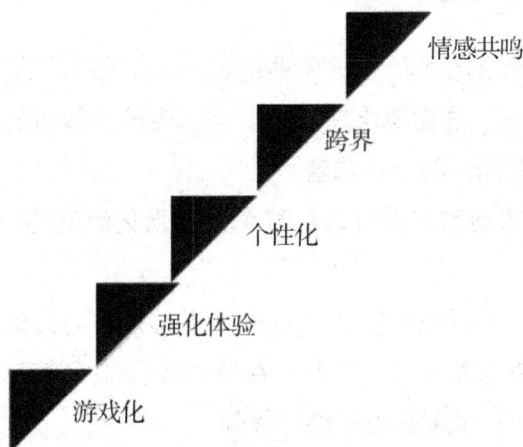

情感共鸣

跨界

个性化

强化体验

游戏化

图2-5　增加活动创意的五个方法

（1）游戏化。贪玩是人的本性，把活动游戏化契合了人性的这一潜在需求，更易吸引用户的关注，引爆用户群体。

（2）强化体验。通过场景上的转变和创新，给予用户更新奇的体验。比如将之前线上的场景变为互动感更强的线下场景。

（3）个性化。有创意的活动必定也是充满个性的，当活动能够给予用户专属的个性表达时，它在用户眼中就更有趣味性，更有价值。比如支付宝以"账单"的形式为用户贴上各种各样的标签，继而成为朋友圈中的"网红"。

（4）跨界。活动跨界易于做出亮点，带给用户新奇感，把风马牛不相及的两类产品放在一起找到结合点，必然会带给用户满满的创意感。比如网易云音乐就曾经和美特斯邦威联合跨界，共同推出了 30 款音乐内裤，成功引爆了用户。

（5）情感共鸣。有创意的活动必定能在情感上和用户形成共鸣，继而引发用户参与，对企业、商家的产品、服务抑或品牌留下良好印象，并广泛传播。比如在活动中讲述一个励志故事、播放一段追梦短视频等。

2.2.3　易于传播

不管我们所策划的活动属于何种类型，只有最终传播出去，成功引爆，才能实现最佳效果。这就要求在策划活动时遵循易传播的原则，强化活动的传播属性，刺激用户的分享欲望。

具体而言，活动策划者可以从五个方面强化活动的传播性，如图 2-6 所示。

（1）话题性。活动信息能否被快速传播，是否会受到用户群体关注和讨论，有没有话题性很重要。因此，在策划活动时要善于为活动制造话题，如邀请明星、名人，关联热点事件，等等。

（2）惊喜感。有惊喜的活动往往更容易让用户铭记，更愿意分享。因此，在策划活动时，要善于为用户带来期待之外的惊喜，诸如美食、奖品，等等。

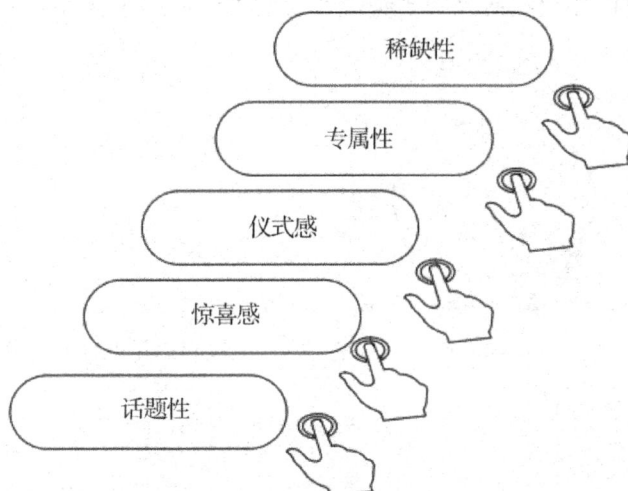

图2-6　活动传播性的五个强化方法

（3）仪式感。所谓"仪式感"，是指给予参与活动的用户一种仪式上的洗礼，如专门为大家提供拍照、发朋友圈的地方；设置签名墙、合影框，邀请用户签名、留影，等等。

（4）专属性。如为参加活动的用户定制印有名字的手机壳、赠送星座饰品，等等，都能让用户感受到活动方的诚意，进而主动在社交平台上分享活动信息。

（5）稀缺性。活动具有稀缺属性时，在用户眼里就会变得更有价值，就更能调动用户的参与感。活动策划者可以通过限制活动参与人数、缩短活动时间、提升活动奖品价值等措施强化活动的稀缺属性，刺激用户转发分享。

2.2.4　善于借势

活动策划除了要最大限度地扩大活动本身的吸引力外，还需要遵循借势原则，善于借助外力，形成引爆效应。所谓"借势"，顾名思义，就是借助热点时事，并把它们融入活动策划，以提升活动对用户的吸引力和影响力。

那么，应该如何在活动中借势呢？我们可以从三个方面入手，如图2-7所示。

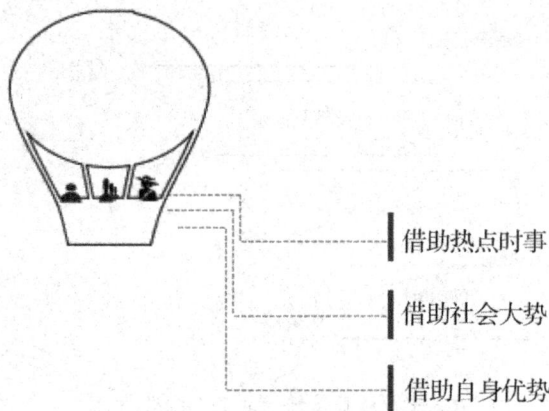

借助热点时事

借助社会大势

借助自身优势

图2-7　活动策划借势三方法

（1）借助热点时事。如把活动和当前的娱乐热点联系起来，抑或与生活中的霸座、扶老人等热点事件挂钩。

（2）借助社会大势。如把活动和发生的社会推动的公益项目联系起来。

（3）借助自身优势。其本质是自我借势，利用自身所独有的优势影响用户，比如小米利用自身品牌庞大的粉丝数量进一步提升产品的品质形象。

2.3　迎合用户思维

企业和商家做活动，要想实现预期目标，就必须学会从用户角度进行思考，而不是站在自身的角度"强迫"用户适应你、接受你。要知道活动最直接的目的是"取悦用户"，获得他们的好感和信任，而要做到这一点，企业和商家就必须学会从用户的视角思考活动、设计活动。这样的活动才能真正属于用户，才会快速地走进用户的视野，引发用户的共鸣，最终获得用户的认可。

2.3.1 说出利益

站在用户的角度，他们关注与否，是否参加，最主要的出发点就是利益。对用户而言，如果活动能够为自己带来某种利益，不管是物质上的还是精神上的，直观的还是隐形的，都会吸引他们的关注。

那么，我们如何说出利益呢？要想完美地解决这个问题，我们可以从两方面入手，如图 2-8 所示。

图2-8 说出利益的方法

（1）把用户所能获得的利益摆在首位。我们可以直接把用户参与活动所能获得的利益摆出来，用户在利益的引诱下，就更可能决定参与活动，并且积极性还会很高涨，分享活动信息的意愿也会更强烈。

营销专业的应届大学生王乐，应聘到一家女性内衣公司，也许受到了网络上流传的"可以把梳子卖给和尚吗"这个创意的启发，该公司对正式上岗前的业务员有这样一项测试：把公司的某品牌胸罩推销给在校的男生，并在规定的时间内完成一定的销售任务。

经过分析，王乐觉得这项活动要想充分获得在校男生的参与，取得预期的效果，就必须让参与各方都能获得一定的利益。有了利益，学校才会同意并且给予相应的协助，学生才会积极主动地参与，踊跃购买产品。于是王乐找到了学院主任，以"给在校生增加工作实践"为名，说服学院主任在学院举办"将胸罩卖给男生——暨面对就业形势，某国际品牌营销专家实战训练专题讲座"。讲座内容是：聘请某国际品牌营销总经理来学校举行营销实战专题讲座，每个在校生都可以自愿参加。同时，作为培训讲座的最后一个环节——一项非常有挑战性的实战演练，要求每个参加者要在一周之内向男生推销两个胸罩。该活动结束后还将在学院举行总结交流活动，交换实践心得。

由于就业形势严峻，这样一个集理论、技能及社会实践于一体的富有创意的活动一经推出便在各班级引发了强烈反响。事后统计，共有六百名在校生参加，一共卖出了一千多个胸罩。公司营销总经理也很重视这次树立公司形象的公关事件，亲自到场做了精彩演讲，参加的学生对本次活动都感到非常满意。

（2）把握用户的时间需求。时间对用户而言是稀缺资源，是用户日常生活中最看重的几种利益之一。从用户的时间需求角度对用户进行分类，可以把用户简单地分为两类：一种是省时间的，另一种则是杀时间的。

省时间，很好理解，用户在很多时候会希望活动能够筛选信息，希望其能够帮助自己更快捷地获取关键信息。假如活动能够满足用户的这一需求，为用户带来更大的利益，那么，活动自然也就会更吸引用户的关注和参与。

罗辑思维运营者罗振宇在很多场合都把自己视为"手艺人"，他认为用户的时间是有限的，每个人一天都是 24 小时，所以用户在参与活动时希望能够节省时间，更快速地获得有价值的信息。基于此，罗辑思维的各种活动都在为用户省时间，诸如为用户读书，做用户生活的"仆人"。罗辑思维的一项最主要的活动就是罗振宇每天花费 60 秒对用户说一段话、推荐一本书，帮助用户省去了选书的时间。

杀时间。所谓杀时间，就是帮助用户把闲暇无聊的时间"杀掉"，使原本无聊的时间变得愉悦精彩起来。这类活动往往与用户的精神利益息息相关，通过为用户解闷、表演等来愉悦用户的内心。

2.3.2　让用户驱动用户

很多企业和商家做活动，总想依靠自身的努力去引爆活动人气，为此企业和商家绞尽脑汁，拼创意、拼形式、拼补贴，希望把用户的眼球牢牢地锁定在活动上。然而，有经验的企业和商家在策划活动时，除了依靠自身的努力外，还非常善于向用户"借力"，善于引导用户驱动用户。所谓用户驱动用户，就是活动方给予用户主人翁意识，引导用户积极主动地传播活动信息，分享活动体验，推动用户影响自己关系网络中的更多用户。

（1）250定律。美国著名推销员乔·吉拉德在总结自己的推销经验时，提出了著名的250定律（图2-9）。乔·吉拉德认为，在每个顾客身后大体都存在250个亲朋好友。简而言之，就是活动方或者个人在赢得一位顾客的好感后，就意味着赢得了250个人的好感；反之，假如活动方或者个人得罪了一位顾客，也就意味着得罪了他身后的250名顾客。

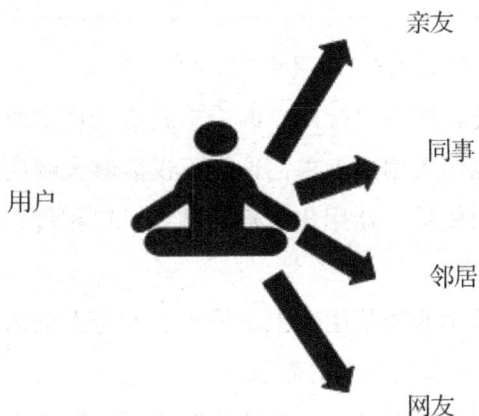

图2-9　250定律

250定律要求我们在策划活动时要秉持"用户就是上帝"的理念，必须认真地对待每个用户。简而言之，当我们能够善待每个用户时，借助用户的推荐和分享，就能快速地把活动信息传播出去，制造一种轰动效应。

（2）抓住目标用户的心理需求。要想让用户推动用户，策划活动时就必须抓住目标用户的心理需求，有的放矢。从目标人群的心理需求看，根据马斯洛需求分析，人类的需求从低到高按层次分为：生理需求、安全需求、社交需求、尊重需求和自我实现需求，如图2-10所示。

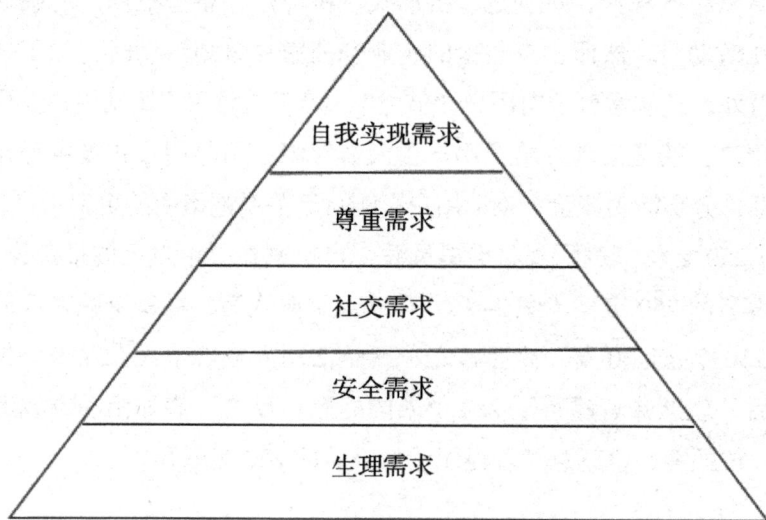

```
                  /\
                 /  \
                /自我实现需求\
               /----------\
              /   尊重需求   \
             /--------------\
            /    社交需求     \
           /------------------\
          /     安全需求       \
         /--------------------\
        /      生理需求         \
       /_____\
```

图2-10 马洛斯需求金字塔

对于活动方而言，挖掘目标用户的需求就是让用户驱动用户的最佳着力点，快、准、狠地切入用户需求，这样不仅能够大幅度地提升订单转化率，还可以引发大众传播，让用户积极主动地口口相传，抑或通过社交自媒体平台分享活动信息。

用户的原始需求无非就是生理上的需求、安全上的需求、社交上的需求、尊重上的需求及自我实现上的需求。

①生理需求。用户对食物、温暖及性有渴望，我们在策划活动时可以针对这一点进行相应的活动创意和主题策划。

②安全需求。用户对保护自身和稳定的生活、工作环境上的需求，我

们在策划活动时可以针对用户的这种需求进行活动创意。

③社交需求。用户对丰富人际关系、提升社会存在感的需求，主要是为了获得一种归属感。

④尊重需求。用户希望自己或者身边的人能够被尊重，是一种人格上的基本需求。

⑤自我实现需求。这种需求是人类最高的需求级别，主要是实现自我理想、发挥自身潜能的需要。

可口可乐的活动就很善于利用用户的原始需求来激发其参与感，推动每个用户都变身为自己的"推销员"。如其推出的"歌词瓶"就引发了大家的疯狂传播，用户在购得"歌词瓶"可口可乐之后通常做的第一件事情并不是品尝，而是吟诵上面的歌词，梦想未来。可口可乐立足于用户的原始需求，巧妙地引导用户驱动用户，在提升自身品牌知名度的同时还获得了巨大的经济效益，仅"歌词瓶"就让整个汽水饮料销售额增长了10%，如图2-11所示。

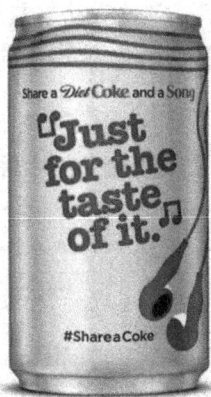

图2-11　可口可乐歌词瓶

（3）推动用户"信任背书"。既然每个用户身后都存在着250个潜在的用户，那么活动方在运营过程中就需要和用户进行互动，尽快地走进用户内心赢得用户好感，继而获得用户的信任。一旦我们获得了用户的信任，那么用户便会成为活动的粉丝，必然会更加积极主动地分享活动、宣传活动。

那么，活动方如何推动用户进行"信任背书"呢？我们可以从以下三点做起，如图 2-12 所示。

图2-12 活动促使用户"信任背书"

（1）做好活动体验，以愉悦、畅快、优质的活动感官体验在用户内心中留下良好的印象。正如一种产品想获得消费者的信任就需要做好产品质量、提升产品体验一样，活动要想获得用户的好感和信任，也需要在活动创意、形式上进行创新，确保用户在情感上获得愉悦，有一个良好的体验。

（2）加强互动。从心理学上看，互动是强化人们信任的重要途径和方法，人与人之间只有不断地进行互动，才能了解对方，产生情感，最终信任对方。所以在活动运营过程中，活动方要引入互动环节，邀请用户参与活动的每个环节，积极地和用户进行互动。如做一些小游戏，进行面对面的沟通，等等。在这个过程中，活动方表现出来的诚意和情感会很自然地影响用户对活动的看法，促使用户对活动更具好感，信任大增。

（3）以物质和精神上的奖励引导用户去背书。做好了体验，强化了互动，活动还要为用户带来某种利益，如一个小奖品、一个"冠军"或者"挑战勇士"的称号。这种物质或者精神上的收获会让用户获得一种成就感和满足感，继而发自内心地喜欢上活动，对其产生比较强烈的信任感。

2.3.3 针对人性营造期待感

我们在策划活动时往往习惯性地把重点锁定在活动流程和环境上，忽视对人性的剖析。从本质上看，人性和环境是一个活动成功与否的关键，我们在重视环境的同时，也要重视迎合人性需求，营造期待感。否则，活动的传播范围就会被束缚，参与的用户人数也会维持在一个比较低的级别上，活动自然也就难以达到预期的效果。

那么，如何利用人性为活动营造期待感呢？我们可以从五个方面入手，如图2-13所示。

图2-13 针对人性营造期待感的五个方法

（1）突出"新"和"奇"。在人性中，对"新"和"奇"的探索似乎无穷无尽，永远得不到满足，人人都喜新厌旧，喜欢尝试新事物，探究未知领域。基于这一点，活动方要为活动贴上"新"和"奇"的标签，要做第一个吃螃蟹的人，在活动方式上进行创新，在活动理念上进行革新。

很多企业和商家在做活动时把握不住用户的人性，喜欢跟风模仿。比如新世相"四小时逃离北上广"火了，就一股脑地跟风做"X小时逃离北上广"；"丢书大作战"火了，就模仿"丢明信片""丢包"之类的活动。这类活动一浪接着一浪，此起彼伏，但是用户看多了便会出现审美疲劳，时间久了便会对此类活动变得麻木，根本就不会看上一眼，更不用说参与了。

能够受到用户喜爱并且追捧的活动，往往都是洞悉了当前环境及目标人群在这个环境下所产生的"新""奇"需求。虽然说这个需求并不是伴随一生，却是当下用户最期待的，这类活动往往能够一炮而红，具有很强的时代性特点。

（2）利用人性的虚荣营造期待感。虚荣是人性中普遍存在的，几乎人人都有虚荣心。例如，在别人面前谈论自己辉煌的过去，自己所从事的社会地位比较高的职业，自己的收入，等等，这些言行举止都有着虚荣的成分。在活动策划时，如果我们能够针对这一普遍的人性设置活动，与用户进行互动，一定能够营造出满满的活动期待感。

（3）贪欲也能塑造出期待之花。贪婪是人类普遍存在的人性，当人们能够通过一定的方法和途径相对简单地获得某些利益时，会希望获得更多。简而言之，就是贪便宜，如在购买化妆品时很多女性都是冲着免费赠送的小样而最终下单，其实这些女性并不缺那些东西，只是觉得购买赠送小样的化妆品更划算、更值得，花同样的钱能够额外获得小样套装。在活动运营时，利用人性的贪婪，可以极大地增加活动的期待感，引爆活动人气。

（4）多从"懒人"的角度思考。人性的另一弱点就是懒惰，在人们的潜意识中，总是期望能够不用手抑或少动手能收获尽可能多的利益。也就是说，用户通常都是懒惰的，要想活动火起来，那么活动必须要让用户少思考或者不思考，在用户参与模式、活动流程设计上尽可能地简单易懂。一言以概之，活动运营要尽可能地便捷、省时、易操作，让用户快速地获得愉悦的体验。

所以，活动运营要善于站在"懒人"的角度进行思考。

①活动环节多做减法。哪些环节在设置上是毫无必要的，哪些环节让用户觉得麻烦，哪些环节能够让用户更快速地融入活动。

②尽可能为用户节省时间，提升活动效率。用户的懒大多表现在不想花时间做某事上，假如活动方能够在时间上照顾到用户的这种懒惰，那么活动就可能收到意想不到的效果。如小米在自媒体平台上的营销活动最擅长的一招就是"转发送……"对用户而言，转发等于动一动手指，时间成本几乎可以忽略不计，这种活动就充分地节省用户的时间，抓住了用户人性中的"懒"。

③活动要移动化。现在人们随时随地都会携带手机，抑或轻便的平板，什么事情都希望通过手机和平板电脑动动手指解决。所以，我们在策划活

动时绝不能忽视移动化需求，甚至应偏重于移动化的体验。

（5）窥探。"窥探"这个词听上去比较学术化，就是对周围未知的人和事的好奇心和八卦心，想知道别人的隐私，同时又不希望暴露自己的，这就是人性。在互联网日益发达的今天，隐私对我们越来越重要，同时也越来越难保护，变得赤裸裸的。我们经常会接到各种莫名其妙的电话，在网络的背后，屏幕的另一面，很多人都怀揣着一颗窥探隐私的好奇心。利用人们的这一心理，将之融入活动创意和内容，就能吸引更多的人参与。

2.3.4　利用意见权威放大影响力

除了用户自身的实际体验外，影响用户的最主要因素就是活动的口碑。意见领袖由于粉丝数量较多，影响力比较大，因此能够在很大程度上影响用户群体对活动的看法。所以活动要想抓住用户，就必须抓紧意见权威。

现阶段，用户已经被标签化、圈层化，沉淀在一个有归属感的圈子里。在这种大背景下，人物 IP 成为当下活动运营的新风口。

那么，如何才能更好地利用意见权威放大活动的影响力呢？我们可以从三个方面入手，如图 2-14 所示。

（1）引导用户中的意见权威为活动代言。参与活动的用户在知识层次、技能技巧及社会经历上的差别，会很自然地出现分层现象，一些比较活跃、见解独特或者身份特殊的用户便会被大家认可和推崇，成为用户群体中的意见权威。这类用户所说的话或发起的话题往往为其他用户所重视、所信任，对其他用户有着强大的影响力。也就是说，用户中的意见权威拥有更大的影响力，能够对活动口碑产生较大的影响。基于此，我们在策划活动时，应当把互动重点锁定在用户群体中的意见权威，与其进行全方位的互动，力求给予他们一个良好、愉悦、舒适的体验。

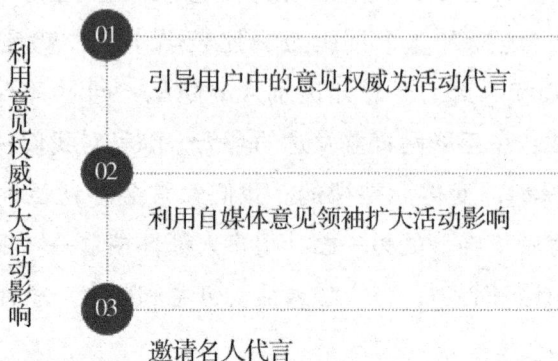

图2-14 利用意见权威扩大影响力的三个方面

利用意见权威扩大活动影响

01 引导用户中的意见权威为活动代言

02 利用自媒体意见领袖扩大活动影响

03 邀请名人代言

（2）利用自媒体意见领袖扩大活动影响力。大号自媒体可以称为意见领袖，也就是说这类自媒体大号在用户心目中已经人格化，成为很多人接收信息和做出选择时的首要参考对象。当活动和这类自媒体意见领袖牵手时，就可以利用他们自带的巨大流量和人气快速地吸粉引流，获得用户的认可。

（3）邀请名人代言。各行各业都有名人，他们粉丝众多，影响力巨大，所以天然就有着意见领袖的身份。我们在策划活动时可以邀请和活动精神、氛围相契合的名人参加活动，或请名人为活动代言、背书，这样就可以借助名人的社会影响力快速地提升活动的关注度，放大活动的影响力，使活动本身得以顺利引爆。

2.4 活动要"师出有名"

古代军队出征需要有个"名头"，讲究"师出有名"，其实我们的活动也是这个道理，有"名头"才能让用户觉得"理所当然"，他们才更容易放下警惕之心，融入活动。

2.4.1 做时间文章

从时间上为活动找"名头"是最常见也是最容易被用户所接受的，活动策划者可以从自身实际出发，在时间上做好文章。一般而言，活动策划者可以从三个方面入手，如图 2-15 所示。

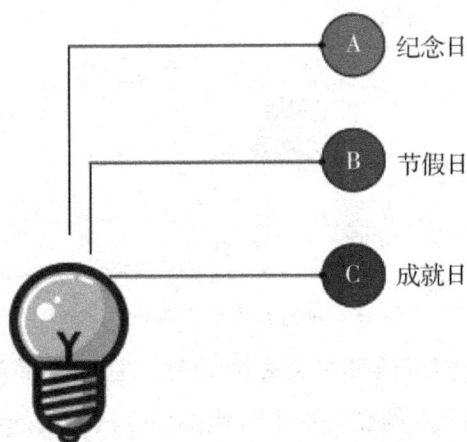

图2-15 活动策划做好时间文章的三个切入点

（1）纪念日。总有一些时间节点值得我们铭记、怀念，当我们以这些值得纪念的日子为"名头"发起活动时，用户接受起来也会比较自然，比如周年店庆。

（2）节假日。节假日的到来总会令人心情愉悦，在这个时间里举办活动，就如锦上添花，用户自然欢迎。

（3）成就日。取得了某项成就，非常值得纪念，以此发起活动。

2.4.2 做亮点文章

除了时间外，活动策划者还可以从"亮点"上寻找做活动的"名头"。所谓"亮点"，是指能够获得用户认可而又出彩的活动理由，诸如传播爱国精神、关爱弱势群体等。一般而言，活动策划者可以从两个方面寻找适合自身活动的亮点，如图 2-16 所示。

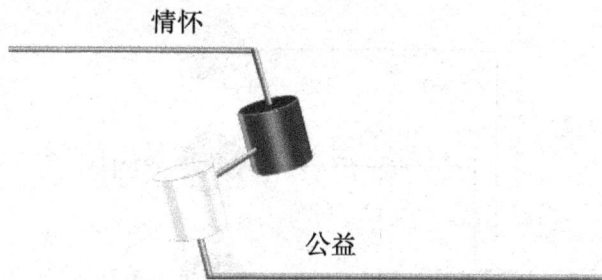

情怀

公益

图2-16　做亮点文案的两个方法

（1）情怀。当我们以情怀之名做活动时，总会获得众多用户的关注，如周星驰的电影、张学友的歌，每个时代都会有其独特的情怀标签。因此，我们可以抓住用户群体对某种特定情怀作为举办活动的理由。

（2）公益。公益是活动策划的一个亮点，不仅能够使活动师出有名，还能为企业品牌铸就社会责任感，提升其曝光率。比如可口可乐在迪拜就曾经以公益之名推出过使用可乐瓶盖当作电话币打越洋电话的活动，帮助那些南亚劳工和家人通话，成功地提升了自身品牌的知名度。

2.4.3 做热点文章

以热点为活动的"名头"能够让用户自然地接受，从而有助于提升活动的吸引力。又因为热点事件普遍具有较强的影响力，因此以热点为"名头"的活动普遍能刺激用户的分享行为。

（1）国家大事。如"改革开放 40 周年"，我们就可以以此为由策划系列庆祝活动，用户接受和参与的积极性自然也会高涨。

（2）社会正能量。一些社会上发生的带有强烈正能量的热点事件，也可以成为我们举办活动的理由。且这类活动还因为契合用户追求美好生活的愿景，更易吸引用户的关注，产生情感共鸣。

2.5 列出活动注意事项

在进行活动策划的时候，活动策划者经常会遇到一些问题，如果能够提前做好功课，知己知彼，解决起来就会变得更容易。

2.5.1 受众要明确

明确受众是活动策划者一切活动策划的前提，因为受众是活动的核心，一切活动环节都是围绕着他们的需求和喜好展开的。如果我们在策划活动之前连活动受众都不明确，那就无异于盲人摸象，很难保证活动效果。

那么，我们如何明确活动的受众呢？可以从四个方面来做，如图 2-17 所示。

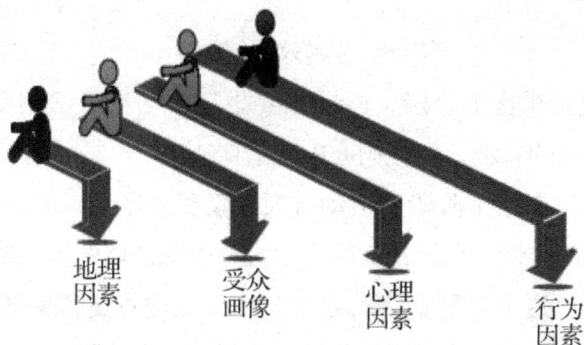

图2-17 明确活动受众的四个方面

（1）地理因素。受众群体所处的地理区域、城市规模、交通条件，等等。

（2）受众画像。在对受众群体的年龄段、亲属、行业、收入、职业、受教育程度等信息分析的基础上，对受众进行画像。

（3）心理因素。重点分析受众群体的生活方式、价值理念及利益追求等。

（4）行为因素。主要聚焦受众群体的销售习惯、喜好、购买频率等。

2.5.2　阶段要突出

活动阶段性突出，在用户眼中才更具节奏感和仪式感，对用户才更有吸引力。因此，在活动策划时，要突出活动的阶段性，彰显各个阶段的活动特色和个性。

一项活动一般可以划分为三个阶段，如图 2-18 所示。

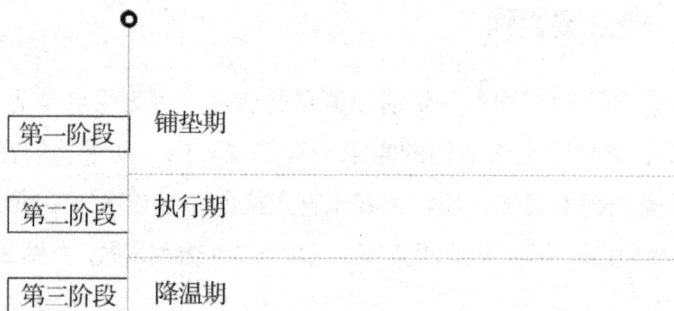

图2-18　活动的三个阶段

（1）铺垫期。在这个阶段，活动方要想尽一切办法吸引受众的眼球，调动他们参与活动的兴趣，在他们心中营造期待感。

（2）执行期。在这个阶段，活动方要调动受众的主动性，强化活动的亮点，突出活动的个性，以期最大限度地提升受众群体的体验感。

（3）降温期。这个阶段，活动方应当和受众进行更紧密的互动，向他们灌输活动的理念、目的，引导他们做出购买、分享等行为。

3

步骤：按部就班，确保活动顺畅达效

掌握好活动策划的步骤，确保活动能够按照规划一步步展开，对活动顺畅达效尤为重要。因此，活动策划者应结合活动的目的、主题等，制定出简单高效的活动实施步骤。

3.1 确定活动目的

明确活动的目的是开展活动的第一步，否则活动便达不成想要的效果，甚至赔钱赚吆喝。策划活动的目的主要有产品促销、品牌推广、圈粉和众筹。

3.1.1 产品促销

当活动方以销售产品或者服务为目的时，开展的活动就属于促销型活动。这类活动在策划时相对简单，只需要明确四个方面的内容即可，如图 3-1 所示。

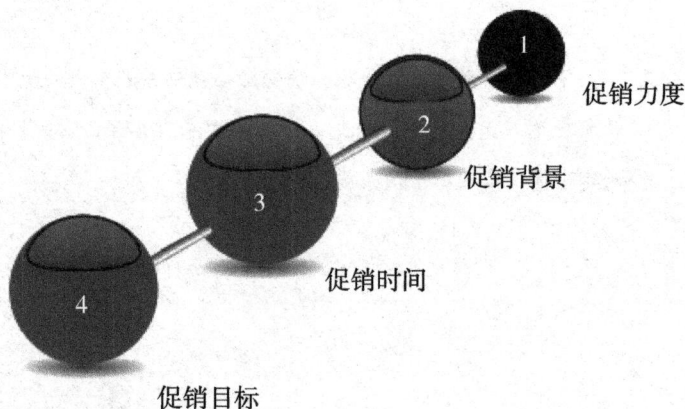

图3-1 促销的四个内容

（1）促销力度。活动方在活动中给予用户何种优惠价格，需要销售多少产品，等等。

（2）促销背景。为什么要对产品进行促销？

（3）促销时间。何时开始，何时结束？

（4）促销目标。做到什么程度、达到何种目标才算成功？

当然，促销型活动的作用除了增加产品的销售数量以外，还可以提升产品品牌的曝光率和美誉度。

3.1.2 品牌推广

当活动方以提升品牌美誉度为目的时，开展的活动就属于品牌推广活动。品牌推广型活动在策划时需要明确四个方面的内容，如图3-2所示。

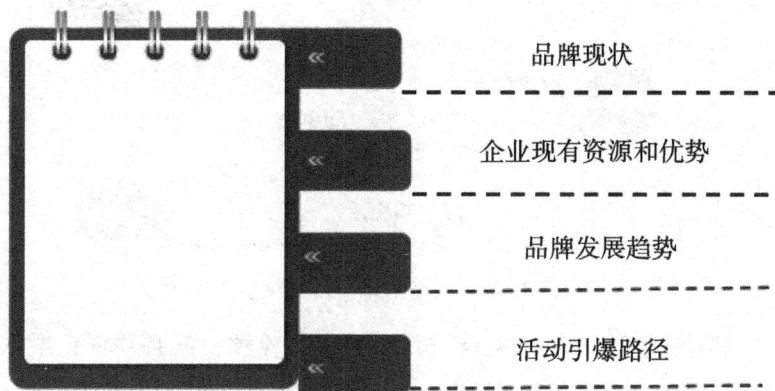

图3-2 品牌推广活动策划的四个内容

（1）品牌现状。品牌现在的定位是什么？在用户群体中的知名度如何，美誉度如何？

（2）企业现有资源和优势。企业现在的具体实力如何，在品牌塑造上有什么特别优势？

（3）品牌发展趋势。品牌在未来一段时间内的发展预期是什么？是否符合用户群体的预期？

（4）活动引爆路径。品牌推广活动的重点在于把品牌信息推广开来，因此活动策划者必须明确以下问题：如何才能吸引用户口口相传，或者在自媒体上转发分享品牌信息，制造引爆效应？

3.1.3　圈粉

当活动方以增加品牌粉丝数量、强化和粉丝之间的连接为目的时，开展的活动就属于圈粉型活动。该活动在策划时，可以从四个方面切入，如图3-3所示。

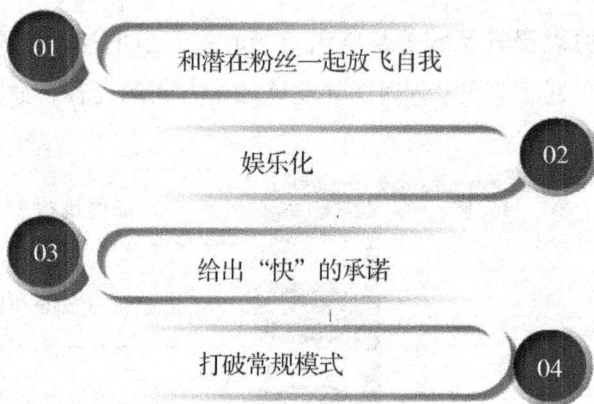

图3-3　活动圈粉的四种方法

（1）和潜在粉丝一起放飞自我。要想吸引粉丝，就必须真正融入粉丝，懂得粉丝。因此，圈粉型活动要么去迎合粉丝的喜好，要么是脑洞比粉丝还大，以创意俘获粉丝心。如为了吸引人，日本一家专门生产冰棍的企业便找了一个形象并不出众的代言人，专门跳尬舞，迎合年轻用户群体中流行的"丧文化"。

（2）娱乐化。娱乐化已经成为当前活动吸引粉丝的撒手锏，特别是以圈粉为目的的活动，做到了这一点，能够更大限度地吸引粉丝的关注。

（3）给出"快"的承诺。每个人都有"想要就马上要有"的心理，当企业在活动中把"快"融入品牌时，可以有效地降低用户的心理成本，对他们产生更强烈的吸引力。

（4）打破常规模式。越是非常规的活动，越能吸引用户的关注，越能吸引到粉丝。

3.1.4　众筹

众筹是当前非常流行的一种活动类型，是在特定的时间内发起筹款并给予用户相应价值回报的活动。

比如"留住乡愁"微信公众号在2018年就发起了《我们的乡愁（2018）》图书产品众筹活动，参与活动的用户优先获得以下回报：《我们的乡愁（2018）》图书四本、"留住乡愁"系列主题书签 1 套、笔记本 1 个，优先获得作品入选机会，如图 3-4 所示。

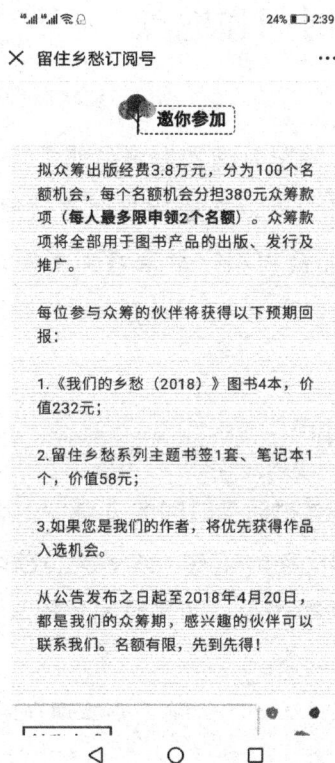

图3-4　"留住乡愁"微信公众号发起的众筹活动

众筹活动的目的多种多样，主要有八个方面。

（1）为了让更多人了解产品的功能。

（2）为了筹集产品的研发费用。

（3）收集用户的建议和创意，完善产品。

（4）收集用户的产品体验信息。

（5）吸引媒体关注。

（6）收集手机用户消费行为信息。

（7）提升品牌美誉度。

（8）提升产品销量。

3.2　明确活动时间和地点

在规划活动步骤时，确定时间和地点是非常重要的。活动的时间选择恰当，地点安排得当，那么活动对于用户而言就更"友好"，反之，时间和地点设置不当，则可能会为用户带来诸多不便，提高用户参加活动的成本。

3.2.1　明确活动时间

在策划活动时，必须重视活动时间的重要性，因为从某种意义上而言，时间的选择会直接影响到活动的成效。如果我们选择的活动时间科学恰当，就会对活动起到良好的助推作用；如果时间选择失误，就可能导致活动事倍功半，甚至竹篮打水一场空。

一般而言，时间选择对活动的影响主要体现在三个方面。

（1）参与活动的人数。

（2）用户在整个活动过程中的逗留时间。

（3）活动的曝光度和美誉度。

比如，一家公司举办粉丝见面会，把活动时间定在了周一晚上，参加活动的粉丝人数并没有预期的多，并且大家逗留的时间都较短，因此对此次活动印象不深刻。

因此，活动策划者在安排活动步骤时要重点考虑活动的时间。那么，如何确定活动时间呢？我们可以从四个方面入手确定活动的具体时间和时长，如图3-5所示。

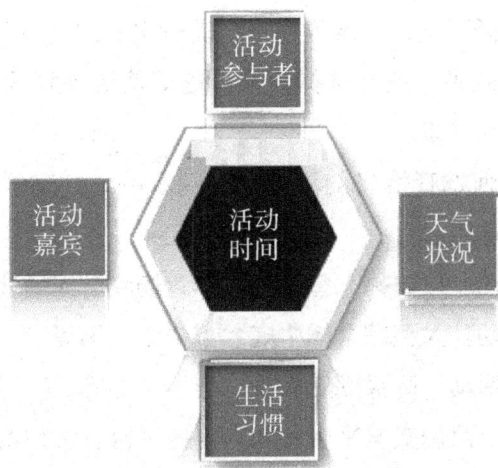

图3-5　活动时间确定参考要点

（1）活动参与者。根据参与者的职业特征和时间安排，尽可能地避开他们的工作日，可以选在周五晚上或者周末举办活动。

（2）活动嘉宾。参考参加活动的特邀嘉宾、主讲人等的时间安排，确定活动时间。

（3）天气状况。根据天气状况灵活地安排活动时间，选择天气好的日子举办活动。

（4）生活习惯。举行活动的时间不宜过早或过晚，活动时间不宜太长，以两小时以内为宜。

3.2.2 明确活动地点

除了时间以外，地点选择也是需要特别注意的环节。地点选择适宜，能显著提升活动的效果，反之，则会使活动效果大打折扣。

一般而言，地点选择对活动策划的影响主要体现在三个方面。

（1）影响活动的展现。地方选择不当，活动就可能展示不出预期的效果，体现不出主题。

（2）影响活动的吸引力。地点选择恰当，用户出行方便，参与人数就多，反之，地点选择不当，交通不畅，活动对用户的吸引力必然会下降。

（3）影响活动效果。地点选择恰当，能促使活动目的快速实现，选择不当，就会降低活动效果。

那么，应该如何选择恰当的活动地点呢？一个最简单的方法是根据活动的类型确定活动地点。

（1）娱乐型活动。可选择大型酒店、体育场和私人场地等。

（2）促销型活动。大型综合体中庭、市中心广场等。

（3）品牌推广活动。高级酒店大堂、会议中心等。

（4）线上活动。热门交友平台、知名直播平台、大型购物平台等。

需要注意的是，活动策划方在选择地点时，成本和交通便利性也是要考虑的重要因素。

3.3 确定活动流程

确定活动流程是活动安排中的重要内容，活动流程确定得当，整个活动自然也就能顺畅地举行。

3.3.1　活动流程制定原则

活动策划者在制定活动流程时，需要坚持一定的原则才能保证流程的科学性，如果随心所欲地添减拼凑，就可能导致活动臃肿滞塞。

那么，活动流程的制定要遵循什么原则呢？一般需要遵循四个原则，如图3-6所示。

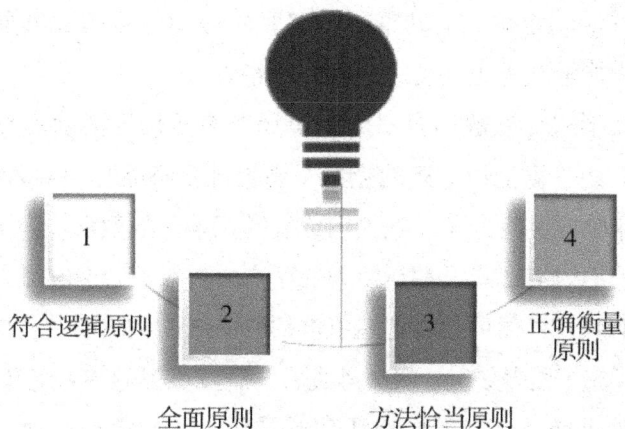

图3-6　制定活动流程四原则

（1）符合逻辑原则。活动流程的制定要有逻辑性，顺序井然。如一家企业想举办一次粉丝见面会，活动流程为：营造活动氛围—主讲人宣讲—进行文艺展示—抽奖。

（2）全面原则。活动流程必须全面，能够实现对活动内容的全面覆盖和展示。如举办营销活动，我们要做好活动定位，确定活动的形式和主题，等等，使活动能够完美地展现出我们想要表达的主题和内容。

（3）方法恰当原则。在活动操作上要力求简单高效，力求以最小的成本达到最大的效果。比如尽量选择合适的时间和交通便利的地点，采取简单的低成本运输方式，等等。

（4）正确衡量原则。在衡量活动流程是否符合要求时，需要准确、恰当，为此我们可以提前进行演练，解决可能出现的问题。

3.3.2　活动流程制定要素

既然确定好活动流程对活动策划有着重要的作用，那么，在策划活动整体流程时，可以从活动的定位、形式、主题及细化四个方面入手。

（1）做好活动定位。活动策划者需要对活动的目的和氛围有清晰的定位，确保用户能够获得更完美的活动体验感。

（2）活动形式。一般而言，活动策划者需要根据活动的类型确定活动的具体形式。如一家生产凉茶的企业，想提升自身品牌的知名度和美誉度，在猪年春节来临之际举办了"吃火锅免费喝凉茶"的活动。为了制造引爆效应，该活动采用线上形式，参与活动的用户只要在该企业官微上传吃火锅喝其品牌凉茶的照片，便可免费到超市再领取一瓶。该活动一经推出，立刻在用户群体中形成了引爆效应，极大地提升了企业品牌的知名度和美誉度。

（3）活动主题。一般要根据活动形式而定，如游戏活动，可以"相爱相知""友谊如金"为主题，对年轻人的吸引力必然会成倍增加。

（4）活动细化。活动细化是指针对活动制定相应的规则，以保证活动顺利进行，最大限度地提升活动的体验感。

3.4　强化活动宣传

对活动策划者而言，活动宣传是整个活动能够达效的重要步骤。活动宣传做得好，活动的吸引力就会被无限放大，成功率自然也就大大提高；如果宣传效果不佳，那么活动吸引力自然就会下降，活动效果自然也就不会太好。

3.4.1 活动宣传作用

活动宣传的最主要目的是把活动信息传递给目标用户，为活动造势，以吸引用户的关注，最终提升活动的成功率。具体而言，活动宣传的主要作用主要体现在四个方面，如图 3-7 所示。

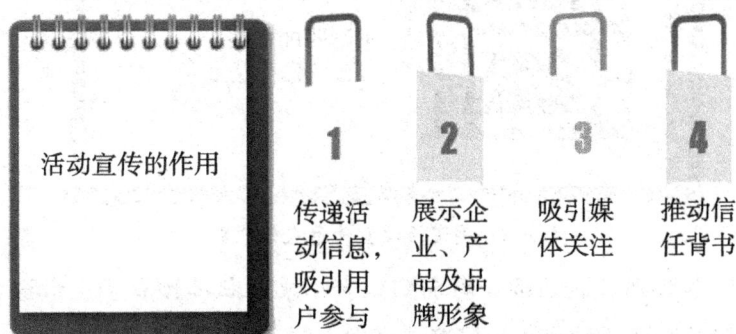

图3-7 活动宣传的作用

（1）传递活动信息，吸引用户参与。把活动信息以用户最愉悦的体验方式传递给他们。

（2）展示企业、产品及品牌形象，提升美誉度。向用户介绍企业、产品及品牌的信息，突出展示企业、产品及品牌形象。

（3）吸引媒体关注。通过营造宣传攻势，制造引爆效应，吸引各大媒体关注和报道，进一步扩大活动的影响力。

（4）推动信任背书。当企业和商家通过活动和消费者进行充分互动并且建立信任后，用户便会自发地对企业产品、品牌进行信任背书，影响更多的潜在消费者。

3.4.2 活动宣传形式

活动策划者可以选择的宣传形式丰富多样，但是要想确定一个最恰当的宣传形式，就要遵循三个原则，如图 3-8 所示。

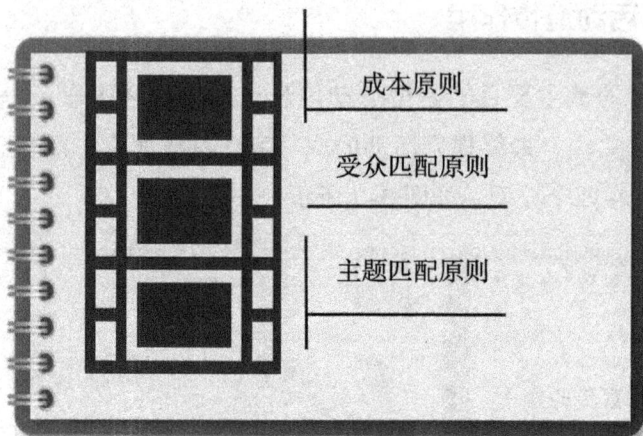

图3-8 确定活动宣传形式三原则

（1）成本原则。活动策划者需要根据活动的总体预算确定最适合的宣传形式，切记忽视活动成本盲目追求高大上的宣传形式。

（2）受众匹配原则。活动策划者选定的宣传形式是否匹配活动目标用户的喜好，能否被用户自然地接受，都需要进行充分调查和比较。

（3）主题匹配原则。选择的活动形式要和活动主题相匹配，能够放大主题，彰显主题。

除此以外，活动策划者还要对活动的宣传方式有充分的了解，在此基础上才能做出最佳选择。一般而言，常见的活动宣传方式主要有以下四种。

（1）在电视、广播、报纸等传统媒体上做宣传。

（2）派发宣传单。活动策划者可以在人流集中的商业街区、目标用户集中的社区等场所派发活动传单，向用户传递活动信息，展示活动亮点。

（3）活动路演。通过在人流集中区域进行活动路演、播放相关短视频、抽奖等方式为活动造势，激发用户分享传播活动信息的热情。

（4）利用自媒体平台。利用微信朋友圈、微信公众号、QQ空间、微博、贴吧论坛等自媒体平台宣传活动信息，吸引用户的关注。

4

主题：用明确的信息点亮用户的活动预期

　　主题之于活动就如同灵魂之于人，灵魂的深度决定了人的高度，主题上的出彩同样也决定了活动的成功。因此，活动策划者要在主题上做好文章，要善于用主题向用户表达明确的信息，以此点亮用户对活动的预期。

4.1 主题为谁设计

活动策划者要想成功点亮一项活动的主题，最核心的元素并不是所谓的创意，而是"为谁设计"。正如产品设计需要定位目标消费人群才能更好地获得市场一样，活动策划也要有清晰的目标用户，很难想象面对一群"60后"跳热舞或者针对一群"90后"唱京剧会取得良好的活动效果。因此，对活动策划者而言，要想顺利点亮活动的主题，最基本的前提就是先弄明白为谁设计的，做到有的放矢，活动的主题才更有针对性，继而快速走进用户内心，引发用户群体的共鸣。

4.1.1 进行用户画像

一场成功的活动在策划之前必定会有一个清晰的主要目标用户群体，儿童或者少年，恋爱中的情侣或者结婚生子的中产阶层、工薪阶层，抑或高收入人群……只有明确了活动的对象，确定了活动的受众，活动策划者才能做到有的放矢，才能在各个环节中融入目标用户群体的喜好，这样活动才会真正属于用户，真正走进用户的内心。而明确活动对象，就要对用户进行画像。

所谓用户画像，就是找到用户的真实需求点，为活动策划提供依据。对活动策划者而言，要想点亮主题，最基本的一点就是了解用户。通过对用户信息的采集、分析、抽离，最终生成用户画像。构建用户画像后，活动策划者才能制定更加鲜明的主题和运营方案。

要想真实地为用户画像，活动策划者要从信息采集、标签、丰富、方案四个方面入手，如图4-1所示。

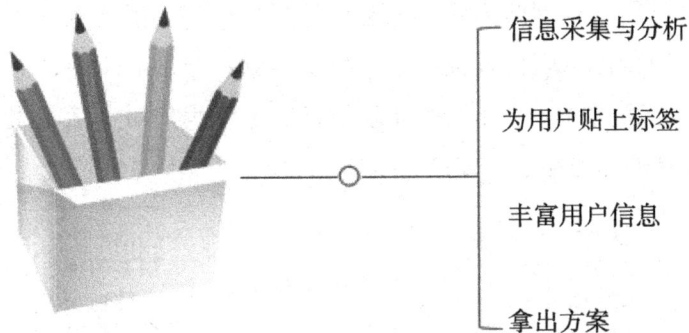

图4-1 用户画像流程

（1）信息采集与分析。活动策划者构建用户画像的第一步，就是收集目标用户的基本信息，主要集中在三个方面，如图 4-2 所示。

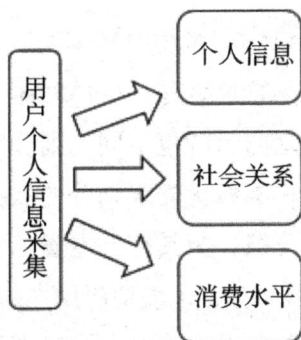

图4-2 用户个人信息采集要点

①个人信息。主要包括用户的年龄、性别、受教育程度、职业、爱好等基本属性。

②社会关系。主要着眼于用户是否已婚、是否有小孩、有无兄弟姐妹、父母情况、亲朋好友数量，等等。用户社会关系很多方面都涉及用户的个人隐私，很难获得，需要活动方花费大量时间和精力采集。

③消费水平。用户月收入多少，月消费能力如何，是否需要偿还房贷，有没有信用卡，等等。用户的消费水平能够直观地看出用户的生活状况及品味，对活动主题设计有很大的指导作用。

采集完用户的基本信息后，活动方还要采集用户的行为特征。所谓行为特征，可以简单地理解为用户无意识的惯性行为。活动策划者掌握了目标用户的行为特征，就可以根据这些特征推断用户的心理特征。比如用户习惯使用高端团购 APP，那么据此就能推断出该用户对生活品质的要求比较高，有较高的品位需求，如图 4-3 所示。

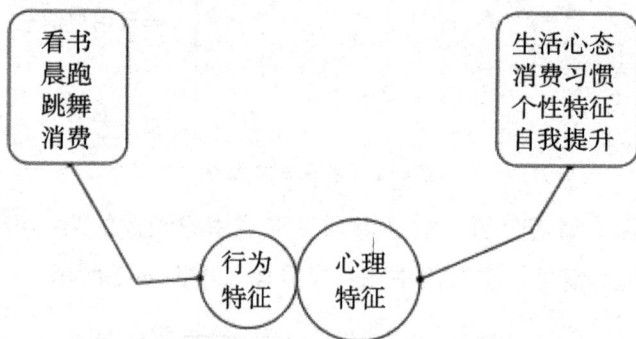

图4-3　用户心理特征分析

（2）为用户贴上标签。通常而言，用户群体不同，其对活动类型的喜好也会存在差异，参与活动的目的也不同。细分用户群体可以把问题变得清晰，同时也可以作为用户画像优先级划分的依据。活动方根据采集的用户信息，可以对用户进行分级，为其打上专属标签，以后做活动的时候可以根据其标签，对用户进行细分，以便适应用户的喜好和需求。

（3）丰富用户信息。丰富用户画像是构建用户画像过程中最需要打磨的部分，对采集的大量枯燥且凌乱的数据，分析且赋予更多的元素，让它们成为鲜活的个体，这非常考验活动方的敏锐度和细腻度。活动方把前期采集到的用户身份、家庭、消费、喜好、行为、职业、人际等信息进行丰富，从而构建出一个鲜活的用户形象，对用户有一个更全面的认知。

结合马斯洛需求层次理论，处于基础需求的用户更倾向于参与个体影响的活动。低调、谨慎、注重别人对自己的看法符合用户对安全感的追求。高阶需求的用户在参与影响力大的互动活动时则会有更大的积极性。通过丰富用户的信息，对用户进行分级吸粉，结合马洛斯需求层次理论，活动方可以有针对性地设计活动的主题，吸引各个级别的用户关注和参与活动，最终达到预设目标。

（4）拿出方案。在确定目标用户群体的大概轮廓后，活动策划方需要针对其需求和喜好，从活动主题表现形式、时间、流程等方面制定针对性方案。比如目标用户为家庭主妇，对其画像后，得出了"省钱""爱收拾"等标签，便可以"名牌扫地机器人免费拿"为主题，以转发有奖为活动形式，五一劳动节期间在微信公众号、头条号上开展活动。

4.1.2　明确活动的目的

对用户进行画像后，活动策划者就可以对目标用户进行细分，根据主流用户群体的需求确定活动的目的。活动主题好不好，就在于能不能打动目标用户，引发目标用户的关注，而要做到这一点，活动就要有一个清晰的目的，要清晰地解答"为什么要举办这次活动"。一言以概之，活动要有一个明确的能够打动用户群体的目标，能够让用户在看到活动主题后的第一时间就了解活动的目的，知道这项活动能够为自己带来什么利益。

活动主题表现出来的目标要针对主要用户群体的需求，目标用户群体主流的需求是什么，活动主题就确定什么目标，这样才能让活动产生强大的吸引力。如目标群体为年轻用户，那么活动主题可以把自身产品和年轻人的爱情进行捆绑，以"为爱情代言"为主题，帮助年轻人表达爱慕之情、传递倾慕之心。这种针对性明显的主题，往往能够引爆目标用户群体，获得超强的人气。

4.2　易理解、有趣味、能共鸣

主办方在设计活动主题时，不能随心所欲，想做什么活动就做什么活动。一项成功的活动，在主题设置上必须遵循三个原则——易于参与、富有趣味、能够共鸣。只有满足了这三个原则，企业和商家的活动才能真正走进用户的内心，从外在形式到实际内容上全面触发用户的参与感。

4.2.1 易于理解

从心理学上看，大多数人都讨厌那些繁琐的事物——在面对复杂事物时，人们的情绪会变得比平时更烦躁，甚至会产生强烈的厌恶感。特别是在当下生活和工作节奏非常快的信息时代，每个人的时间都如黄金一般宝贵，假如一个活动太繁琐，那么用户甚至连看一眼的欲望都没有。相反，人们内心更倾向于喜欢那些简单的事物，具体到活动运营上，主题越简单、越容易理解的活动，越容易吸引大批用户参与。

在这个信息极度碎片化的时代，各种活动对用户有限的时间资源争夺异常激烈。因此，活动策划者要想在第一时间把活动信息烙印在用户心中，就必须快速地让用户知道活动的目的是什么，以及如何参与、能够获得什么回报。这就要求活动主题必须简练，直观易懂，让用户不用去思考，能够一看就明白，如图4-4所示。

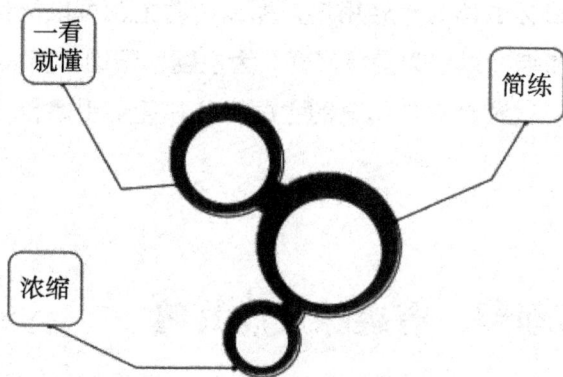

图4-4　活动主题易于理解的表现

主打青春小酒的江小白，所做活动的主题就很简单，易于理解。比如其在2018年情人节到来之际发起的"我是江小白"第二季官宣活动，主题就是简简单单的 10 个字"说出心中最惊艳的情话"，没有华丽的修饰，也没有什么噱头，简单直接，便一下子打开了用户群体的情感表达之门，引发了大家强烈的参与感。

4.2.2 有趣

活动主题在简单、易于理解的基础上，还要有一定的趣味性。活动要想更具影响力，在推动用户参与的同时还要引导用户进行分享传播。不管是参与还是分享，活动策划者都要紧紧地抓住用户的心理。那么，用户热衷参与什么主题的活动呢？答案其实很明确，有趣、有悬念、有回报的活动，用户会更喜欢参与。

因此，在活动主题策划过程中，活动策划者要坚持有趣的原则，突出主题的趣味性和娱乐性，力求让用户乐于深入了解活动，喜欢活动主题，甚至对其一见生情。活动策划者可以从目标用户的喜好、当前的娱乐流行元素入手，为主题添加趣味性因子，打造亲近感，推动用户积极主动地分享活动的主题。

今日头条举办的"我要上头条"活动，主题虽然简单，却充满了娱乐趣味性，用户在第一时间被吸引住，产生了强烈的参与感。今日头条不仅能够帮助用户成为新闻中的主角，还从整体形势上营造了一种逼真感，即生成头条新闻的页面和今日头条客户端的页面一模一样，让用户产生一种"自己登上新闻头条"的沉浸感，增加了用户参与活动的仪式感和权威性。"我要上头条"这一活动主题，抓住了用户的炫耀、搞怪心理，用有趣刺激用户分享，获得了用户的积极参与，形成了良好的品牌效应。

4.2.3 能共鸣

《乌合之众》一书中有一段关于情感的描述："人与人之间差异最大的，

也许就是智力了。同一种族的所有人却有着非常相似的本能与情感。智力上的差别天高地远，一个补鞋匠在一个伟大的数学家面前也许会连大气都不敢喘，可如果这个鞋匠一旦发现这位伟大的数学家在性格的表现上与他没丝毫的差别，那么他心里多半会感到说不出的惊讶。"由此可见，情感是人类的共同属性，不管是补鞋匠还是数学家，都存在着情感需求。

人是情感性的动物，每个人都会被亲情、爱情、友情所羁绊，为情所愉，为情所伤，终其一生生活在情感的网络里。基于此，活动运营要想达到预期，进行裂变式传播，必须响应用户的情感需求，为用户带来情感上的满足和愉悦。当活动主题所蕴含的情感和用户的情感需求产生共鸣的时候，那么活动在用户眼中将更具参与性，更值得分享。这样一来，活动必将吸引更多用户参与，并且用户更乐于通过口口相传或自媒体平台同身边的人分享活动信息，如图 4-5 所示。

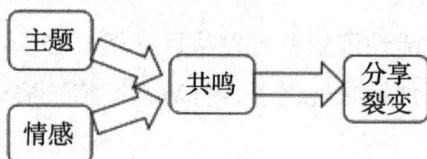

图4-5　情感共鸣促进活动分享裂变

4.3　明确用户所得

用户对活动关注与否，想不想参与活动，与其能够从活动中得到何种利益有着直接的关系。一般而言，要想让用户关注活动，喜爱活动，活动的出发点必须满足用户的需求。要知道，人们关注事物的出发点除了好奇之外，大多都立足自身的需求——需要的必然会关注、喜爱；不需要的便没有必要投入资源关注和参与。所以，活动策划者要想在用户内心激起涟漪，一个最有效的办法就是直接说出用户所能得到的利益。

4.3.1 利益，利益，还是利益

这场活动为什么要举办？用户参与活动能得到什么好处？假如活动主题能够直接回答好这两个问题，让用户在第一时间明白自身能从活动中得到什么好处，必然能在第一时间吸引用户的眼球，如图4-6所示。

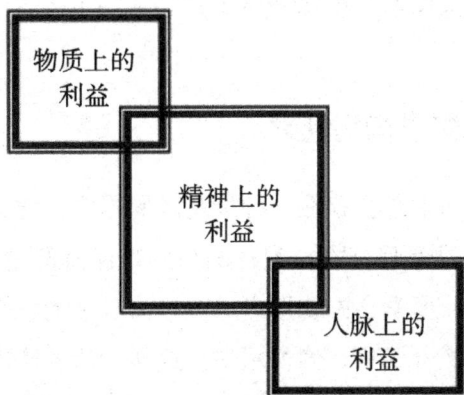

图4-6 利益的三个方面

（1）物质上的利益。用户参加活动能够得到何种物质上的回报，诸如高价值的奖品，甚至直接给予金钱等。

（2）精神上的利益。用户参与活动，取得良好的成绩，会获得活动方颁发的奖状、授予的荣誉称号等。

（3）人脉上的利益。活动会邀请行业内诸多名人、精英出席，帮助用户编制更大的人际网络，掌握更多的人脉资源。

这种开门见山式的主题不会给用户什么思考的机会，假如活动提供的利益足够诱人，那么便能在最短的时间内形成磁石效应，吸引更多的用户关注活动、传播活动信息。

新世相曾经在各大城市举办过"丢书大作战"活动，这个系列活动的主题就直接说出了用户参与活动所能获得的利益——可以捡到书，拥有一段时间的使用权，获得更多的知识。新世相为了鼓励大家读书，把一万本书丢在了北京、上海、广州的地铁、航班和顺风车里。丢书的目的直接体

现在了活动的主题里，让书传播、流动，引导更多的人去读书。

丢出去的每本书上都会有一张"丢书大作战"的贴纸和一个二维码。每个找到书的参与者都可以带走这些书免费阅读，扫描书上的二维码进入这本书的专属系统，可以看到丢书人的留言。"丢书大作战"活动主题直接地说出了用户所能得到的利益——知识、愉悦、传播，吸引了越来越多的人参与其中，巧妙地制造了引爆效应，成功地登上了各大媒体的头条。

4.3.2 围绕需求构建场景

对用户而言，需求总会存在一种最基础的层次，比如吃饭的目的是吃饱吃好，穿衣的目的是保暖打扮，健身的目的是保持健康、塑造健美体型等。在策划活动主题时，要学会围绕用户的基本需求营造氛围、构建场景，从而使活动能够直观地契合用户、愉悦用户。这样，活动才能最大限度地获得用户的好感，成功点燃用户的参与热情，引发互联网传播热潮，如图4-7所示。

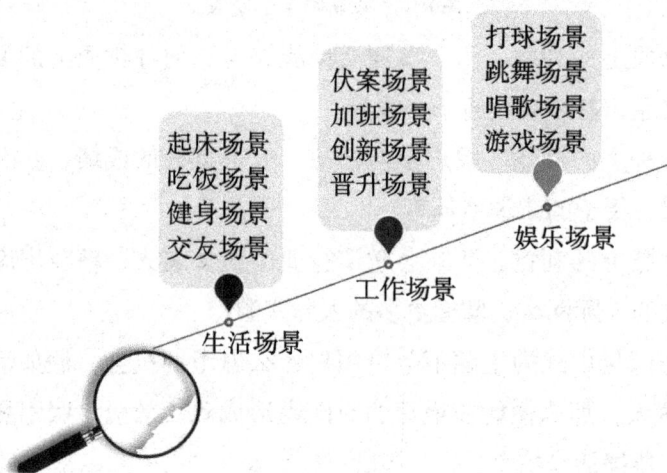

图4-7　需求场景类型

比如新世相基于人们对事物的基本需求，与华帝厨电共同发起了名为《你的味道》的深夜美食剧。这项活动的主题非常直观，而且在美食基础上构建了强大的参与场景——每集上线前，新世相都会发起一次故事征集活动，引导大家讲述自己和美食相关的主题故事，被选中的十个人能够拿到新世相送出的免费机票，飞到那个城市的那家餐厅，重温记忆中难忘的味道，并且这些人的故事还有机会被编入该迷你剧。"你的味道"主题抓住了人们对美食的永恒喜爱之情，又添加了诸多互动场景，一经推出，便引发了相当广泛的参与热潮。

4.3.3 强化个性吸引

随着社会生产力和人们生活水平的不断提升，人们对活动的兴趣已经渐渐脱离了最初的功能性需求，越来越看重个性化的愉悦满足。在这种背景下，活动主题的直观性利益必须迎合目标用户群体的个性化情感。做到了这点，活动自然就能快速地吸引目标用户的关注，引发目标用户的共鸣，在用户心中留下深刻的印象，如图4-8所示。

图4-8 个性吸引具体表现

肯德基和支付宝2018年曾经联手做过一场个性化十足的活动。这场活动的主题除了很直接地告诉了用户所能获得的利益外，还加入了个性化的元素——消费者除了能在12月10日当天使用支付宝购买肯德基产品享受7折优惠以外，肯德基还会在双12期间为消费者提供定制款"1212生日桶"。有800万生日用户在双12期间收到了个人专属邀请函，这些邀请函分为男女生两个版本精准送达，收到邀请函的消费者可以到肯德基5折享受为寿星定制的"1212生日桶"。

4.4　融入沉浸感

沉浸感就是让人专注于在当前的目标情境下感到愉悦和满足，而忘记真实世界的情境。沉浸感是一种参与感、融入感、代入感，是强烈的正负情绪交替的过程。对活动运营而言，如果能在主题中融入沉浸感，让用户全身心地投入活动中，那么不管在受关注度还是人气流量方面而言，活动都能更上一层楼。

4.4.1　强化挑战性

挑战和技巧是影响活动主题沉浸的主要因素。对用户而言，如果活动挑战性太高，那么参与进去就意味着对结果缺少控制能力，继而产生焦虑情绪和挫败感；反之，假如活动挑战性太差，用户就会觉得活动过于平淡、无聊，最终对参与活动失去兴趣。所以，活动主题要具备适度的挑战性，既能让用户觉得有趣，有参与的价值，又要让用户认为自己有把握驾驭，能够有一个良好的活动预期。

美国的汉堡王在 Facebook 上曾经举办过一个"朋友贵还是面包贵"的营销活动，其主题就是"以朋友换面包"，参与活动的人只要删除自己 Facebook 上的 10 位好友，就可以免费得到一份王牌汉堡。这种主题活动对参与者而言是非常有挑战性的，因为当用户为了免费的汉堡而删掉自己的好友时，被删掉的好友也会得到通知，信息是这样写的："我为了一个免费的王牌汉堡，把你从我的好友名单中删除了！"意思很明显，参加活动的人"卖友求包"，宁愿牺牲掉好友，也要得到一个免费的汉堡。

这种删除好友的活动显然和用户尽可能地建立自己的社交网络的初衷

相违背，也有可能对朋友之间的信任产生一定的冲击，但是汉堡王正是看中了这种挑战性，把活动和用户现实生活尽可能地交融在了一起，让用户完全沉浸在活动制造的矛盾中。这种沉浸感的营造，使得汉堡王达到了设定的营销目的，数以万计的人们删除了共计234000位好友，共13000个博客网站报道过这次活动，掀起了一场"汉堡王传播盛宴"。

4.4.2　凸显故事性

要想让活动的主题更具沉浸感，更能吸引用户的关注，除了要添加适度的挑战性元素外，还要有一定的故事性。很多人都曾经有过这种经历：在听一个故事的时候，会被其情节深深地吸引，自己会情不自禁地随着故事中人物的经历而喜怒哀乐，甚至会幻想自己成为故事中的主角，去改变故事的发展走向。其实这就是我们沉浸于故事的表现，故事让我们浮想联翩，有故事的主题同样也会让用户沉浸其中。

一家坚果企业在猪年新春到来之际，举办了一次经销商新产品品尝沙龙活动。活动策划者确定了"敲开一粒果壳，打开一扇财富大门"的主题，以酒会的形式，把新产品和美酒完美地融合在了一起。

该企业沙龙活动的流程如图4-9所示。

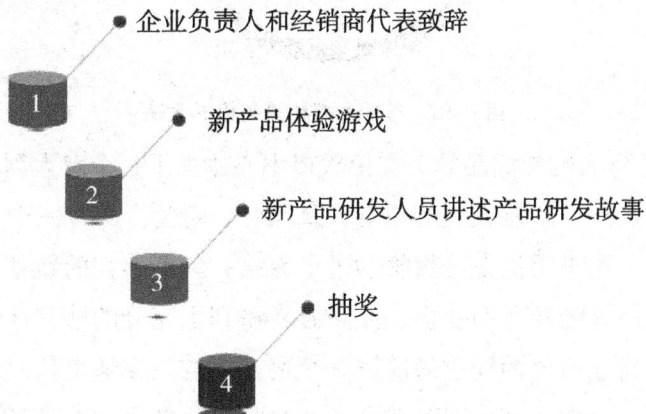

企业负责人和经销商代表致辞

新产品体验游戏

新产品研发人员讲述产品研发故事

抽奖

图4-9　某企业沙龙活动流程

沙龙活动策划者特别强化了"新产品研发人员讲述产品研发故事"环节，把产品研发过程中研发人员对坚果营养和口味上的挖掘趣事作为沙龙的高潮环节加以打造，有效地提升了沙龙的互动性和娱乐性，让各地经销商对新产品有了更大的信心。

4.4.3　构建画面感

绚丽精致的画面能够让用户产生更加愉悦的情绪，当活动主题带有明丽的画面感时，在用户眼中就会更有魅力。如此一来，用户自然也就更愿意花时间参与活动，沉浸在活动过程中。活动策划者构建主题画面感的方法，如图 4–10 所示。

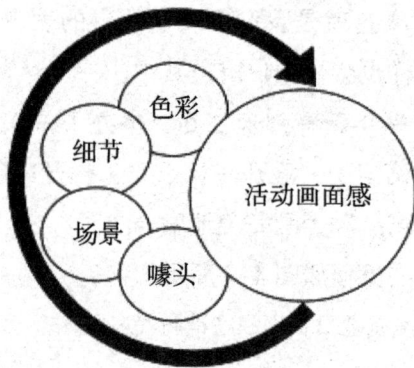

图4–10　活动主题构建画面感方法

Peroni（意大利啤酒品牌）在伦敦市中心建立了一个意大利之家，顾客可以在这里找到亲临意大利的感觉，从嗅觉、听觉、味觉三个维度感受意大利风情；沃达丰手机在伦敦赞助了世界第一款多感官的新年焰火，不同的气味随着焰火的颜色而变换，使观看者得到了充分的感官冲击；少数幸运的游客被新加坡旅游局邀请前往一个秘密岛屿，在那里他们体验了小岛的独特风情，品尝了当地特色美食，并在数字化舞会中结束了一天美好的行程。这些活动的主题都带有鲜明的画面感，让用户情不自禁地沉浸其中，因而能够获得巨大的成功。

4.5　打造口碑证明

用户之所以关注、参与某项活动，是因为它能够在某方面满足用户特定的需求，可能是功能方面的，也可以是情感方面的。通过外界的给予或者自我感觉的获取，用户最终产生了兴趣和信赖。因为大量存在的活动信息和信息的不对称，以及直接或者间接获得的不愉快的活动经历，这些都会让用户只有在得到来自外界支持的情况下，才会更积极地参与活动。基于此，活动的主题就要获得口碑证明，才能让更多的用户自发主动地传播活动信息，继而影响到更多的用户信赖活动，参与活动。

4.5.1　明星代言

活动策划者可以通过影像、平面广告及现场互动等形式，把明星和活动主题联系在一起。邀请明星成为活动代言人，参与活动，利用明星的知名度促成用户对活动主题的好感和信赖。并且活动还可以借助明星的高影响力迅速地吸引用户的眼球，通过明星博得用户对活动的关注度，迅速打造出活动品牌。

今日头条是一款基于数据挖掘的推荐引擎产品，它为用户推荐有价值的、个性化的信息，提供连接人与信息的新型服务，是国内移动互联网领域成长最快的产品服务之一。今日头条在活动运营中就非常善于和明星强强联合，让明星为活动主题代言，其推出的"明星上头条"活动，以明星现身说法的形式为活动主题打造了金字招牌——明星都要上头条。作为明星的粉丝，我们还有什么理由不看今日头条呢？借助明星的影响力，截至2017年2月底，今日头条激活用户数已经超过7亿，日活跃用户数超过7800万，单用户日均使用时长超过76分钟，日均启动次数约9次，已经有超过50万个个人、组织开设了头条号。

4.5.2　用户传播

人们总是希望能够从一些已经参与活动的用户身上了解活动的优缺点，获得具体的参与体验信息。从某种意义上看，活动参与者对活动主题的理解和传播属于口碑传播的一个过程。例如，一些用户在参加一些专业性比较强的活动时会咨询有过活动经历的朋友的意见，询问相关的活动体验。通过相关参与者的描述，很多愉快或者不愉快的活动参与经历都会传递给用户。所以，活动主办方可以根据活动的属性对活动主题和流程进行加强，从而促使参与者能够为其他用户提供正面的活动信息。

实际上，活动的参与经历能够直接影响用户群体将来的参与选择。例如，很多企业免费派发洗发水的试用小包装，免费品尝红酒，免费品尝火锅料理，这些活动的主题都是为了能够最大限度地提升用户的满意度，继而通过这些用户把活动和产品信息传递给更多的用户。

为了拓展产品市场，宁夏一家枸杞销售企业准备举办一场招商会。为了取得最佳的效果，该企业专门聘请了一名知名活动策划专家负责招商会的策划。该专家认为，招商会要想取得预期效果，首先要做好活动主题，为其注入传播病毒，如图4-11所示。

基于这种思考，活动策划专家为这家枸杞销售企业招商会确定了"牵手我们，共筑前途"的主题，并确定了"产品品鉴——枸杞养生专家讲枸杞——枸杞市场展望——签约仪式"的活动流程。在这一策划思路的指引下，这家枸杞销售企业的招商会得以顺利召开，并取得了不错的效果。

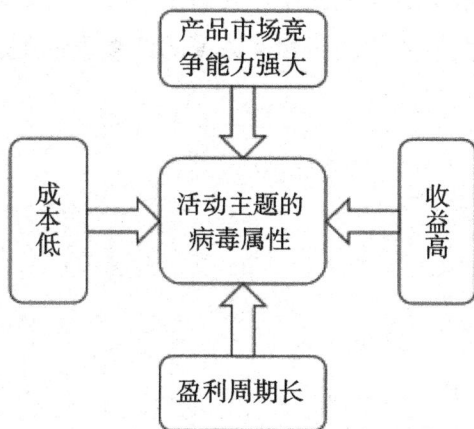

图4-11 招商会活动主题的病毒属性

4.5.3 情感证实

在对活动主题和品牌的体验过程中，用户对三个方面的情感体验比较看重，假如活动策划者能够满足用户这三个方面的情感体验需求，那么用户便会在情感上更认同活动，更信任活动。

（1）实际体验所带来的情感体验。比如活动主题所流露出来的青春气息，互动环节中的愉悦感受，等等。用户通过实际的参与，对活动主题有了一个更加深刻的理解，获得情感利益，从而对活动主题产生好感和信赖。另外，假如用户长期参与一项活动，那么其在长期的体验中对活动主题的理解会更透彻全面，会产生难以割舍的情感，并将之视为自身生活和生命中不可或缺的一部分。

（2）与活动品牌沟通所带来的情感积累。比如用户参与社交主题的活动以满足自己的社交需求，进而对相关活动品牌产生好感和信赖关系。

（3）场景融入所带来的情感积累。活动主题带有憧憬、怀旧、浪漫等情感，会在一定程度上让消费者与活动之间的距离感消失，对活动主题快速地产生喜爱之情，进而促使用户为活动代言。比如以婴儿健康为主题的活动吸引了众多女性的关注，相互关爱的浪漫爱情主题令青年男女沉浸其中。

5

文案：个性、创意、品牌，
一个都不能少

文案好比活动的名片，文案好不好，直接关系到活动对用户的吸引力和影响力。因此，活动策划者必须重视文案创造，要善于为文案注入个性，添加创意，打造品牌，如此，文案才能发挥出足够的魅力，牢牢地吸引住用户。

5.1 文案的作用

文案并非可有可无的文字堆砌，而是具有重要作用的营销利器，文案写得好，能够很好地为产品造势，更好地展示产品的价值，更快速地打造出品牌效应。

5.1.1 提前造势

一个品牌要想让更多的用户了解、熟知和信任，需要造势；一款新产品要想升级为"爆品"，让消费者熟知、喜欢甚至痴迷，也需要造势。而造势则离不开文案，通过文字、图片、短视频等载体，把品牌、产品信息顺畅传递给用户，让他们愉悦地接受，并且在心中留下深刻的印象。

一般而言，文案可以通过四个方向造势，如图 5-1 所示。

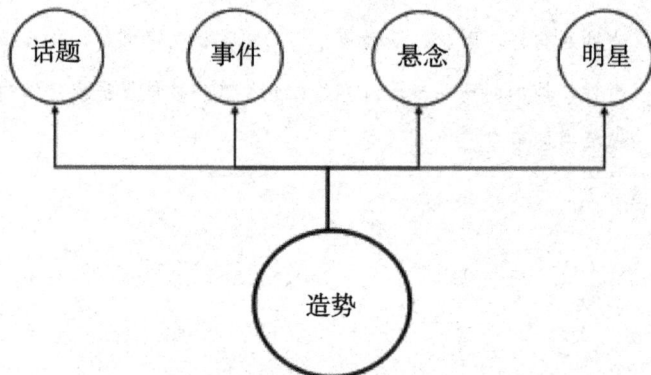

图5-1 文案造势四方向

（1）话题。通过制造产品功能、外形、应用场景等话题，刻画产品"高大上"的形象，为其造势。

海底捞火锅官微上的文章便善于制造话题造势，比如其发表的一篇文章中便抛出了"捞粉踢馆"的话题，在很大程度上吸引了大家的关注，成功为活动造势，如图 5-2 所示。

图5-2　海底捞火锅官微发布的话题文章

（2）事件。通过把企业产品、品牌等和热点事件连接，巧妙借势，吸引用户群体关注，最终快速扩大活动影响力。

（3）悬念。通过文案营造悬念，可以大大提升活动的趣味性，扩大活动对用户的吸引力。

（4）明星。邀请明星、名人参加活动，通过明星、名人的人气和影响力扩大活动的吸引力。

5.1.2　凸显价值

文案对企业和商家有着非常重要的价值，是企业和商家吸引流量、营销产品的重要帮手。具体而言，文案的价值主要有三，如图5-3所示。

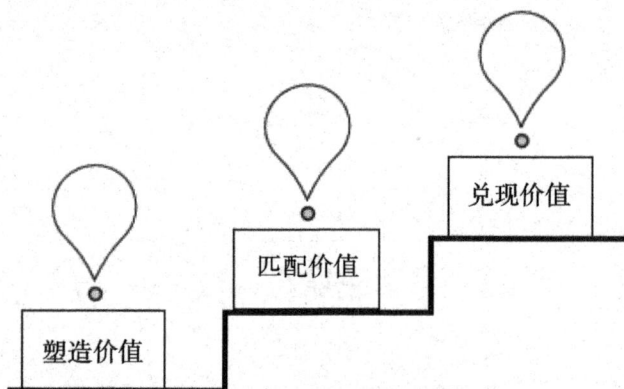

图5-3　文案的三个价值

（1）文案塑造价值。对消费者而言，对产品和服务的了解并不多，需要企业和商家给予一定的了解才能更深层次地认识它们的价值。因此，企业和商家必须让消费者明白产品和服务的价值，否则他们是不会下单的。

某品牌啤酒在银川市场的销量一直提升不上去，为了扭转这一局面，厂家邀请了一位营销专家出谋划策。这位专家参观了该品牌啤酒的生产线后，惊讶地发现啤酒用水全部采用的是深层地下水，而且发酵用的麦芽品质也非常高，这些鲜有消费者知晓。于是这个营销专家便以消费者的视角写了一篇文案故事，讲述了该品牌啤酒的原料采购故事和生产流程，在消费者群体中引发了很大反响。

（2）文案匹配价值。所谓文案匹配价值，我们可以从两个方面理解：其一，把价值交到正确的人手里，从而完成价值匹配。如精美的木梳展现在爱美女性的眼前，就产生了价值，如果展示在和尚面前，那么木梳便没有任何价值；其二，根据消费者的需求和痛点提炼价值，从而完成匹配。很多时候，产品的卖点比较丰富，在宣传时重点宣传其中一个还是眉毛胡子一起抓？这就要立足产品本身，分析潜在用户，之后根据他们的需求和痛点提炼最有吸引力的卖点。

（3）文案兑现价值。所谓"文案兑现价值"，是指帮助企业和商家把产品销售出去的价值。文案为什么能够帮助企业和商家让消费者心甘情愿地下单付款呢？因为文案能清晰地向消费者传递产品价值信息，告诉消费者拥有产品后能够获得何种好处，得到什么结果。

5.1.3　打造品牌

文案在企业、商家打造品牌过程中有着举足轻重的作用。文案运用得好，企业和商家就能快速地获得消费者的信任，推动他们通过口口相传或者自媒体平台转发分享品牌的正面信息。

文案在品牌打造过程中的主要作用有三点，如图5-4所示。

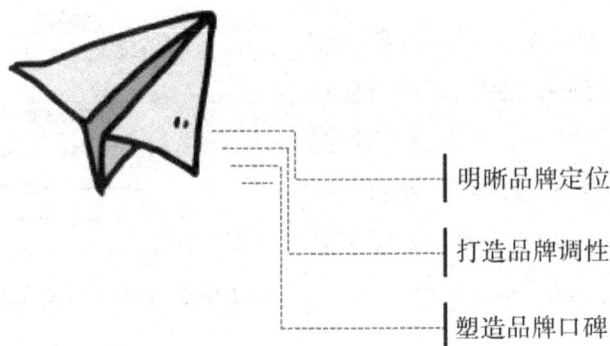

明晰品牌定位

打造品牌调性

塑造品牌口碑

图5-4　文案对品牌打造的作用

（1）明晰品牌定位。好的文案能够清晰准确地定位品牌，吸引目标消费者，从而使品牌在第一时间走入消费者的心里。如凉茶品牌王老吉的"怕上火就喝王老吉"，便在消费者心中留下了"祛火"的品牌定位，消费者在遇到类似场景时第一时间就会想到它。

（2）打造品牌调性。品牌调性是指品牌展现在消费者眼前的风格，优秀的文案能在消费者眼中塑造出风格鲜明的品牌调性。如淘宝网红店"步履不停"便依靠出彩的文案塑造出了特有的品牌调性——富有文艺气息，追求简单舒适。正是凭借这种出彩的文案塑造出来的品牌调性，"步履不停"成功俘获了无数文艺青年。

（3）塑造品牌口碑。优秀的文案能够显著地提升品牌在消费者心中的地位，在情感上拉近同消费者心灵上的距离，最终成功地在消费者心中塑造出正面积极的口碑形象。

江小白青春小酒便善于运用优秀的文案撩拨消费者的情怀，继而在消费者心中树立起良好的口碑形象。如在 2019 年春节到来之际，江小白便在官微上发布了一篇《总有人偷偷爱你》的文章，巧妙地向用户群体展示了江小白品牌的人文关怀精神，温暖了众多用户的心田，如图 5-5 所示。

图5-5　江小白官微上发布的文章

5.2   七种吸睛活动标题法

文案标题好不好，将直接决定文案吸引力的强弱。那么，如何才能"制造"出一个好的文案标题为整个文案"画龙点睛"呢？最高效的方法就是展现原创，避免公式化，这样，文案的标题才会让人眼前一亮。

5.2.1   直接展示法

所谓直接展示，就是把用户的需求直接体现在文案的标题中，让用户一下子就能明白自己能够获得的利益。比如天猫在 2018 年年末推出的特惠活动，就偏好以直接展示法拟定活动文案标题，告诉用户"快来参加，有优惠等着你"，如图 5-6 所示。

图5-6　天猫2018年特惠活动文案

采用直接展示法的文案标题比较常见，它最大的特点就是直击用户的需求，以实际利益吸引用户进一步阅读文案的内容。如此一来，自然就吸引住了用户，为我们带来了更强的关注度和更多的曝光率。

那么，我们如何利用直接展示法制造出吸睛的文案标题呢？具体方法如图5-7所示。

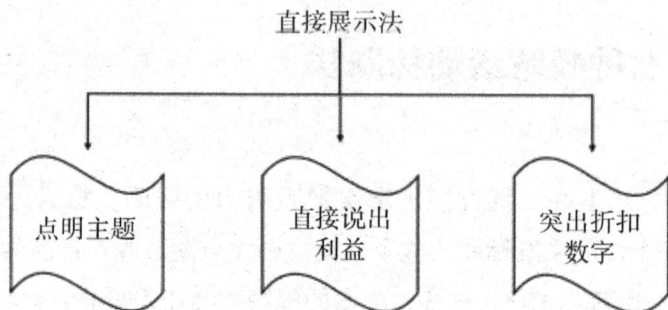

直接展示法

点明主题

直接说出利益

突出折扣数字

图5-7　文案标题直接展示具体方法

（1）点明主题。文案标题要直接点明整个文案主题，要让用户在第一时间了解文案要表达的是什么意思。

（2）直接说出利益。直接告诉用户能够从中得到何种利益，诸如超低的折扣、精美的小礼品、旅游机票，等等。

（3）突出折扣数字。在标题中直接突出折扣数字，可以让用户一眼就抓到文案的要点，找到自己感兴趣的部分。

5.2.2　隐喻暗示法

在制造吸睛文案标题时，我们还可以采用隐喻暗示法。所谓隐喻暗示法，就是采用一种婉转暗示的方法来表达文案内容主题的标题制造方法。采用这种方法制造出来的文案标题趣味性更强，因而常常能够在第一时间便吸引住用户的眼球，推动他们分享和传播文案信息。

与直接展示法相比，隐喻暗示法虽然看起来相对婉转，但是只要运用得当，也能极大地调动起用户继续阅读文案的积极性，促进相关产品的销售。比如华为荣耀系列手机V20发布时的文案标题"科技标杆，见所未见"，就非常形象地暗示了V20的科技属性，如图5-8所示。

图5-8 荣耀V20文案

运用隐喻暗示法"制造"标题，具体可以从三方面入手，如图 5-9 所示。

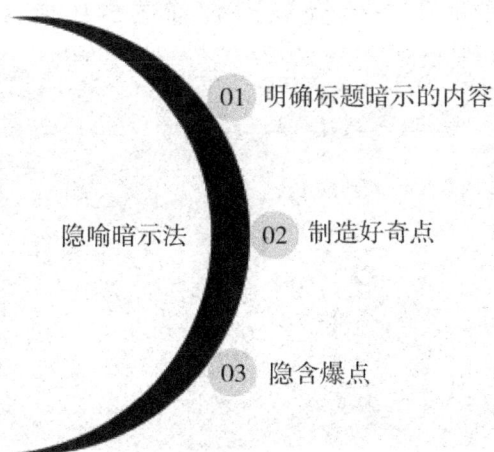

隐喻暗示法

01 明确标题暗示的内容

02 制造好奇点

03 隐含爆点

图5-9 隐喻暗示法制造文案标题的三个要点

（1）明确标题暗示的内容。我们想向用户暗示哪方面的内容？是高科技性还是时尚感？是实用性还是前瞻性？需要根据文案内容突出出来。

（2）制造好奇点。我们要在标题中添加吸引人的好奇点，激发人们阅读正文的好奇心，然后通过文案内容解答用户的疑惑。

（3）隐含爆点。爆点就是要有趣，如笑话、社会事件、公益等内容，有趣的段子最能引发用户转发，推动他们把文案分享给亲朋好友。

5.2.3　传递信息法

在设计文案标题时，如果我们能够通过它向用户传递清晰、精准的产品信息，必然会强化用户对产品功能的认知，继而吸引用户更仔细地阅读文案内容，最终成功地卖出产品，这就是制造吸睛文案标题的传递信息法。

传递信息的文案标题比较常见，特别是在新产品发布和营销时，很多企业都倾向于在文案标题中加入关键信息，以期在第一时间向用户传递重点信息，吸引住用户的眼球。如小米 play 上市时的营销文案，标题就是"自带高速流量，一年免费上网"，向用户传递了庞大而惊喜的信息——这是一款自带流量的手机，一年免费上网，如图 5-10 所示。

图5-10　小米play营销文案标题

要想熟练地运用传递信息法为文案设计一个吸睛的标题，我们具体可以从以下几点入手，如图 5-11 所示。

图5-11 传递信息法具体要点

（1）传递关键信息。我们需要把要向用户传递的最关键的产品信息浓缩在文案标题中，第一时间传递给用户，这样才能引起用户的兴趣，吸引他们进一步阅读文案内容。

（2）强化价值属性。在标题中我们应该将产品最有价值的信息体现出来，诸如"解除疲劳""祛火""健体"，等等，让用户在第一时间明确自身所能获得的价值。

（3）突出产品卖点。产品有哪些最值得用户入手的地方，是性价比超高还是外形靓丽？是超薄还是超快？

5.2.4 提问法

提问法，顾名思义，就是在文案标题中引入问句，从而引发用户的思考，激发用户阅读正文的兴趣。设问式文案标题因为巧妙地把"问"和"答"结合在了一起，所以能够在第一时间引发用户的关注。

比如专注儿童用药的葵花药业，在为其"葵花小儿肺热咳喘口服液"策划的广告文案标题就使用了设问——孩子感冒发烧老不好怎么办？这种设问式的文案标题，会在第一时间引发儿童家庭的关注，吸引家长进一步阅读文案内容，了解产品功能。

在运用提问法设计文案标题时，我们具体可以从三个方面入手，如图

5–12 所示。

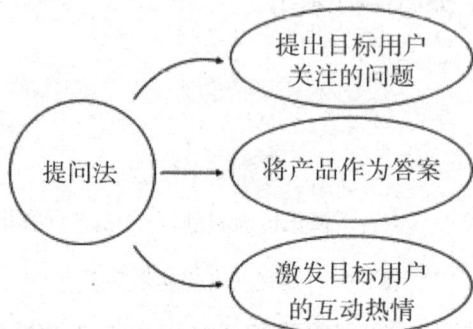

图5-12　提问法的分解

（1）提出目标用户关注的问题。采用提问法拟定文案标题，所提问题应该是目标用户最关注的，只有抓住了目标用户的关注点，提出的问题才更具吸引力。

（2）把产品作为答案。文案标题所提问题的答案应该是我们的产品或服务，这样营销效果才能最大化。

（3）激发目标用户的互动热情。提问式标题还需要设置互动点，以期他们能够更好地接受文案内容，激发互动积极性，推动他们更积极地分享和转发。

5.2.5　共鸣法

所谓共鸣法，就是运用逆向思维或者情感共鸣的方法构建文案标题，使文案标题能够让目标用户"一见如故"，继而激发他们阅读文案正文内容的兴趣。

（1）运用逆向思维构建文案标题，引发目标用户的共鸣。这类文案标题有别于传统的指向用户或产品的文案标题，所指方向往往是"自己"，通过展现"自己"的正能量或亮点，引发目标用户的共鸣和认可。

比如聚美优品 CEO 陈欧所做的营销推广广告，就以"我为自己代言"

的标题全方位展示了自己的奋斗精神，引发了"80后""90后"的强烈共

鸣。从那之后，很多人都知道了陈
欧，知道了聚美优品。

（2）情感共鸣。我们在运用共鸣
法时，还可以利用情感上的渲染引
发目标用户情感上的共鸣，继而激
发他们阅读文案正文的兴趣。比如小
米8青春版手机营销文案中，有一篇
文案的标题为"任我刷脸的闺蜜"，
友谊之情满满，特别是"闺蜜"一
词，很能抓住少女的情感，如图5-13
所示。

以共鸣法拟定文案标题，要想达
到最佳效果，就要以目标用户为中
心，引发他们的思考，在第一时间获
取他们的关注，才能激发他们继续阅
读的兴趣。

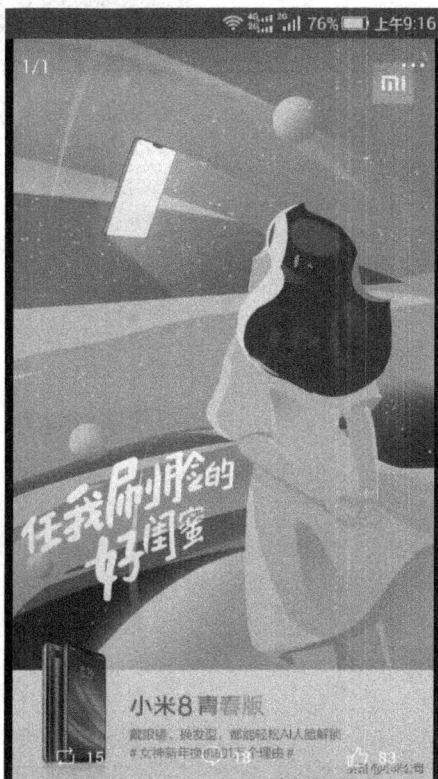

图5-13　小米8青春版营销文案

5.2.6　明确数字法

很多人都有这样的经历，在文字中，首先注意到的往往是单个数字，
这是因为相对于文字，数字更容易吸引眼球，表现力更强。明确数字就是
基于这一规律，通过在文案标题中添加数字的形式吸引用户的关注，激发
他们阅读文案正文内容的兴趣。

比如西贝莜面村的一篇营销文案，标题为"这碗面，绝不只是特价10
元那么暖心"，"特价10元"这一具体数字就把西贝莜面村产品的价格优
势淋漓尽致地展现在了用户的眼前，大大刺激了用户继续阅读正文的兴趣，

如图 5-14 所示。

图5-14　西贝莜面村营销文案

需要注意的是，要想运用明确数字法创作出好的文案标题，达到最佳效果，我们在添加数字时，还要遵循几个要点，如图 5-15 所示。

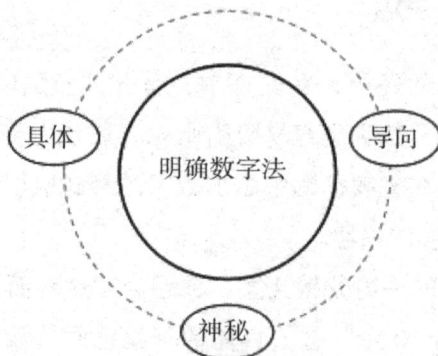

图5-15　明确数字法要点

（1）数字要具体、适宜。文案标题中的数字越具体越好，能够让人一目了然。另外，并非数字越大越好，标题中的数字要和正文内容相对应。

（2）数字要有导向性。文案标题中的数字要有一定的导向性，因此最好和修饰词语一起使用，诸如"几个类型""几个理由""几条秘籍"，等等。

（3）数字要有神秘性。数字上的神秘色彩可以充分调动用户的好奇心，刺激用户阅读的欲望。具体而言，我们可以通过设问、添加修饰词等方法让数字变得形象起来。

5.2.7 用户语言法

所谓用户语言法，就是站在用户的立场上从用户的视角设计文案标题。采用这种方法设计出来的文案标题往往有很强的同理心，因而更容易引发用户的关注和认同，在第一时间获得他们的好感，继而吸引他们愉悦地阅读文案正文内容。

比如"人人都是产品经理"微信公众号上发布的一篇文章，标题就采用了用户语言法。这篇文章的标题为"即将踏入运营圈的你，2019 年要如何适应新时代'变化'？"这一标题站在从事产品运营的用户立场上，提出了适应新时代"变化"的问题，很好地抓住了目标用户的需求痛点，如图 5-16 所示。

运用用户语言法拟定文案标题时，

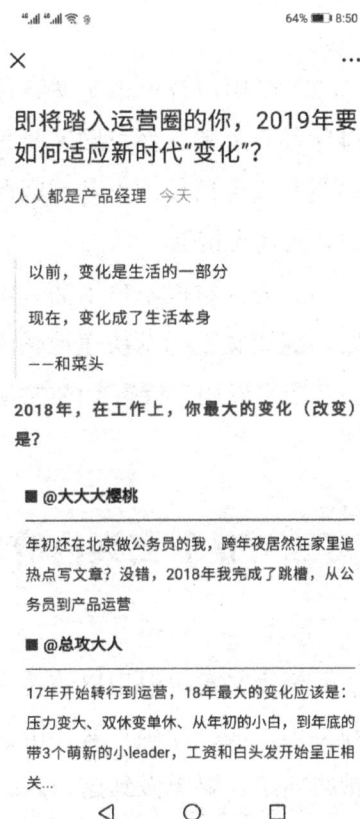

图5-16 站在用户立场上设计的标题

要抓住三个要点，如图 5-17 所示。

锚定用户需求　以用户身份拟定文案标题　语言贴近用户生活

图5-17　用户语言法三要点

（1）锚定用户需求。只有真正抓住了用户的需求，真正说出了用户的心声，解决了用户的痛点，才更容易被用户视为"自己人"，更强烈地吸引用户。

（2）以用户身份拟定文案标题。因为人们在心理上普遍对广告信息比较排斥甚至反感，而以顾客身份拟定的文案标题则更贴近用户生活，更像身边朋友满含信任地推荐。因此，以顾客身份拟定的文案标题更容易吸引用户，为用户接受。

（3）语言贴近用户生活。比如以老师、亲友、朋友、爱人的语气拟定标题，能让文案标题快速地融入用户的生活场景中，在第一时间为用户认可，甚至引发用户情感上的共鸣。

5.3　五个文案内容写作技巧

要想让文案吸引用户的关注，达到预期的效果，在内容上就必须有亮点和特色，能够让用户看了眼前一亮，或者大彻大悟，或者心声共鸣，或者拍案叫绝。要想做到这一点，除了要积累深厚的文案基础知识外，还要掌握诸多技巧。

5.3.1 把用户放在首位

文案内容要想在第一时间吸引用户的眼球，最重要的一点是站在用户的立场上，想用户之所想，急用户之所急。简而言之，就是一切都需要以用户为中心。如小米公司微信公众号推送的一篇文章，内容便以"小米 8 直降 200 元"为核心，充分表达了因为感恩而"为用户省钱"的观点。如此一来，以用户为中心的这篇文案自然也就获得了"米粉"的关注和好感，如图 5-18 所示。

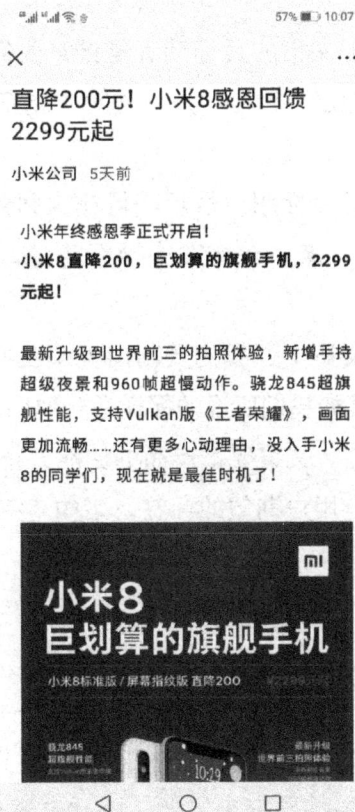

图5-18　小米公司把用户放在首位的文章

具体而言，把用户放在首位，在坚持这一原则时可以从四个方面入手，如图 5-19 所示。

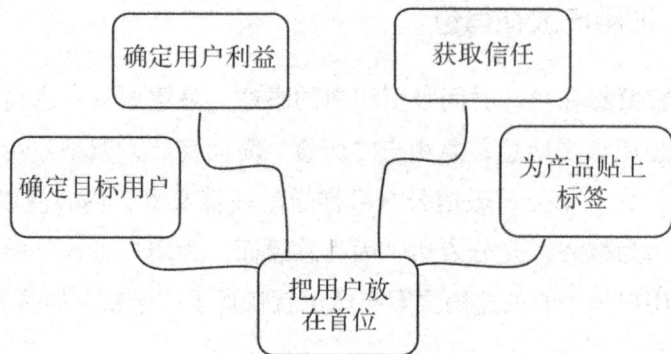

图5-19　把用户放在首位

（1）确定目标用户。文案的目标读者是谁？我们在创作文案时要弄明白这个问题，因为只有确定了目标用户，文案才能真正地切入他们的视角，以他们的思维看待问题。

（2）确定用户利益。目标用户最想获得什么利益？他们为什么要购买我们的产品？弄明白这一点，在文案中诠释清楚，自然会吸引他们仔细阅读。

（3）获取信任。在文案中，我们要列出支持我们观点的理由，让用户相信我们的产品或服务真如我们所说的那样适合他们。

（4）为产品贴上标签。文案要把产品的性能、特点等说清楚，讲明白，并为产品贴上一个最适合用户期望的标签，诸如"空气净化神器""千元神机"等。

5.3.2　强化中心内容

对文案而言，中心好不好，将直接决定其在用户眼中的吸引力。因为我们在创作文案时，需要特别突出主题，强化文案中心内容。简而言之，整个文案的成功取决于文案中心内容的品质和效果。

如荣耀手机2019年第一款新品荣耀畅玩8A的营销文案就用一句话把中心强化出来——珍珠全面屏，震撼大音量——让"花粉"们在第一时间知道这款新手机的特色，怦然心动，如图 5-20 所示。

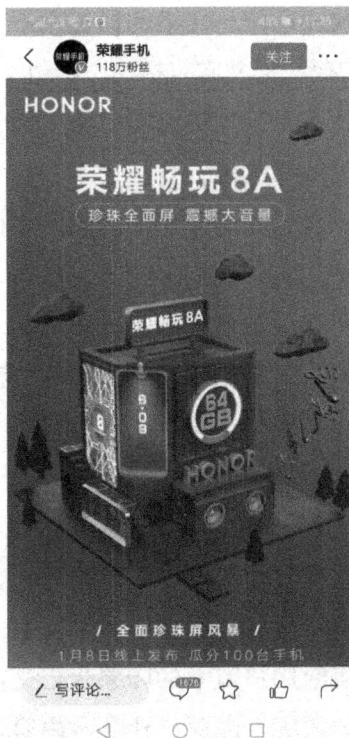

图5-20　荣耀畅玩8A文案

那么，我们应该如何强化文案的中心内容呢？答案很简单，如图 5-21 所示。

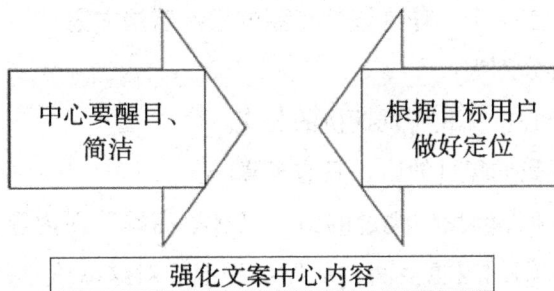

中心要醒目、简洁

根据目标用户做好定位

强化文案中心内容

图5-21　强化文案中心内容的方法

（1）中心要醒目、简洁。文案的中心内容位置上要醒目，最好放在文案开头，让用户第一眼就能看到，了解文案的主题。另外，文案的中心要简洁，文字不要太多，便于用户理解和传播。

（2）根据目标用户做好定位。文案的目标用户是谁，将会直接决定文案的中心内容，因此我们要根据文案目标用户定位文案中心内容。

一家衬衫店最新引进了一款抗皱衬衣，为了能快速卖出去，店主决定对其进行大力宣传。要想做好宣传，自然离不开好文案，店主首先确定了文案的潜在阅读群体——商店周围公司的白领。在此基础上，店主把文案的中心确定为"从不起皱纹的神奇衬衫"，分别对衬衫的抗皱属性和白领们挤公交、地铁、伏案办公等一系列场景进行了分析。文案推出后，因为中心明确，贴近公司白领群体的需求，起到了很好的营销效果。

5.3.3　营造画面感

移动互联时代，人们的时间变得越来越碎片化，阅读的时间也变得越来越稀缺。在这种背景下，只有画面感强烈的文案才能在人们心中留下深刻的印象，如果文案内容给用户留下的印象少之又少，那么又何谈调动用户对产品和服务的购买欲望呢？因此，让文案内容具有鲜明的画面感就变得异常重要了。

一家汽车 4S 店，为了营销某一品牌新款汽车，经过层层海选，最终决定在两个文案中选一个，作为该款车型的最终营销文案。

这两个文案分别为：

（1）解放了心，从此告别拥挤的公交。

（2）别告诉我你爬过的山，只有早高峰。

很显然，"别告诉我你爬过的山，只有早高峰"在内容上更具画面感，更能给予用户广阔的遐想空间，从而加深他们对这款汽车的认知。最终这家 4S 店选择它作为该款汽车的营销文案，取得了很好的推广效果。

那么对我们而言，如何才能打磨出画面感强烈的文案内容呢？其实只要仔细推敲，我们就可以总结出一些技巧，如图 5-22 所示。

图5-22　画面感文案写作技巧

（1）抓住情绪。文案要善于抓住小情绪，以情绪渲染画面感。有家咖啡馆的营销文案中引用了巴尔扎克的名言——我不在家，就在咖啡馆，不在咖啡馆，就在去咖啡馆的路上。这句话就满含了喜爱之情，可在人们大脑中形成强烈的画面感。

（2）多用短句。短句会让用户在阅读文案的时候更具节奏感和画面感，而冗长的句子则会大大降低用户阅读文案的兴趣。

（3）写有趣的故事而非枯燥的事实。越有画面感的文案故事性就越强，呆板的文案只是简单的产品说明书，在用户心中留不下丝毫的印象。

（4）用好动词和形容词。动词和形容词用得巧妙，可以让我们用最平淡的文字营造出强烈的画面感。因此，在写作过程中，我们可以适当地多使用一些动词和形容词。

5.3.4　通俗易懂利于传播

对文案而言，通俗易懂是最基本的要求，因为只有做到这一点，文案内容才会让人愉悦，才更易于用户熟记、分享和传播。因此，我们在创作文案时，要尽量让文案通俗易懂，使它更贴近用户生活。

那么，文案内容如何才能保证通俗易懂呢？我们可以从四个方面做起，如图 5-23 所示。

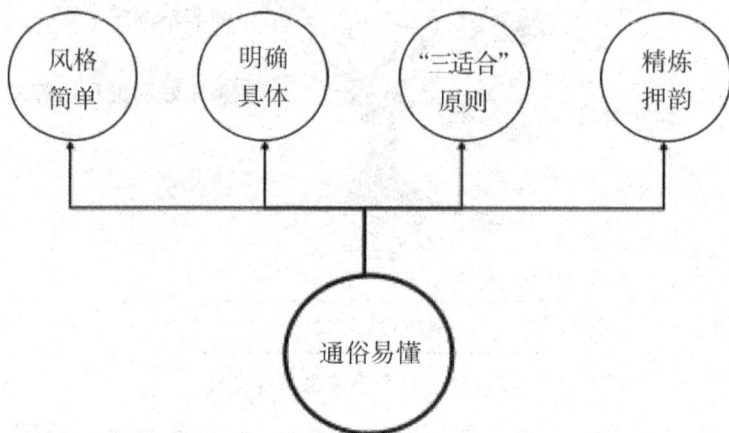

图5-23　通俗易懂文案的四个表现方面

（1）保持简单清楚的写作风格。文案的效果如何并不是由字数多少决定的，很多文案虽然只有简单的几十个甚至几个字，却能把产品或服务的亮点充分地展现在用户的眼前。如星巴克在介绍其产品时，仅用了几十个字便将其清甜纯美的口感表现得淋漓尽致，如图 5-24 所示。

对文案而言，最终目标是把产品完美地展现在用户眼前。如果我们只用几十个字甚至几个字便能实现这一目标，那么我们的文案就是优秀的。

（2）明确具体，避免空谈。简单并不意味着简陋，文案的内容只有带给用户明确具体的信息，才能让用户快速地找到自身所需的价值。比如红牛的广告文案——困了累了喝红牛，就非常明确具体，把红

图5-24　星巴克产品营销文案

牛的价值深深地印在了用户的心中。

（3）坚持"三适合"原则。通俗易懂的文案追求的是文字能够带来的实际效果，而非表面上的华丽和文学知名度。我们在创作文案时应坚持"三适合"原则，即适合文案发布的媒体特色、适合产品的市场定位、适合产品的特色和卖点。

（4）精炼押韵。精炼的语言可以保证用户的阅读耐心，而押韵则能带给用户音律上的美感，调动用户分享传播的积极性。

5.3.5 以卖点承载价值

如何把产品或服务的价值更好地展现在用户眼前，是我们在创作文案时需要重点思考的问题。要想更好地展现产品或服务的价值，在文案中就要把产品或服务的卖点突出出来，以卖点承载价值。

那么，我们如何用卖点强化产品价值呢？不妨通过三个方法抓卖点，如图5-25所示。

以用户身份描述 A 情感共鸣 B 独特价值 C

图5-25 以卖点承载价值的方法

（1）以用户的身份来描述产品。这样往往更容易抓住卖点，更容易为用户接受。因为在用户眼里，商家的最终目的在于卖出产品获得利润，而有过相关产品使用经历的人的推荐更具可信度。

如肯德基举办的"一起喝腊八粥"活动的文案（图5-26），就以用户的身份来描述产品："有人说：'这不是粥，这是大型撒糖现场'！万人拼团，一元腊八粥！"短短两句话，却以用户的视角把此次活动的卖点完美地展现在了用户的眼前——有情怀，有趣味，有实惠！

图5-26 肯德基"万人拼团喝腊八粥"营销文案

（2）与用户产生情感共鸣。卖点的营造，还离不开和用户情感上的共鸣。有了共鸣，用户才会更认可产品和卖点。如一家咖啡店，在新年到来之际，便在宣传文案中融入了"妈妈的味道"卖点，从而抓住了用户新年想家的情感需求，因此取得了巨大的成功。

（3）说出独具的价值。我们的产品要想在市场上占有一席之地，就必须有独特的价值，因此文案在强化卖点时，就要把产品的特有价值强化出来，将其包装成产品的卖点，自然就能引发用户的关注。

具体而言，文案可以从以下四个方面切入。

①突出产品或服务不为人知的益处。

②突出产品特有的功能效果。

③在产品名称和包装上做文章，强调它们的"新"和"奇"。

④凸显品牌价值。

5.4 文案就是讲故事

故事因为情节曲折、趣味性强，因而广受大众欢迎。其实对文案创作而言，讲好故事，将之打造成承载产品信息的载体，就意味着打开了让用户愉悦接受产品信息的大门。从这一点上说，文案就是讲故事。

5.4.1 会讲故事才更有价值

在文案创造中学会借助文学创造的一些手法，通过新颖独特和别具一格的情节设计将产品或服务信息传递给用户，文案就有了故事性，就更能引发用户的关注。

具体而言，会讲故事的文案具备四方面的优势，如图 5-27 所示。

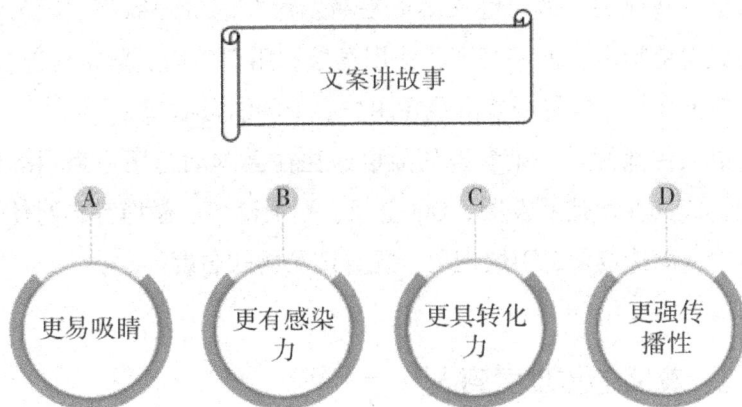

图5-27　故事性文案的优势

（1）讲故事的文案更易吸引用户的关注。推销界存在着一个著名的

"艾达公式",也称为"AIDA 公式",其将推销过程分解为四个阶段:引起注意、诱发兴趣、刺激欲望和促成购买。第一个阶段尤为重要,如果这一步实现不了,那么之后的三个阶段也就无从谈起。基于此,如何在第一时间博得用户眼球就成为产品文案的重要目标。

特别是在当前信息泛滥的大背景下,故事性文案因为形式新颖独特、内容商业性不强的优势反而比那些鼓吹性、广告性强烈的文案更能锁定用户的眼球。

比如九牧的一则广告便围绕着一个小女孩构建了故事。这个小女孩想成为歌唱家,她的梦想之路却一直不顺利——因为口吃而被嘲讽。但她没有因此而沮丧、放弃,而是一有时间就躲在无人的沐浴间里唱歌,执着于自己的梦想,最终梦想成真。在她身上,其实还承载了九牧品牌本身的成长故事——在激烈的市场竞争中,九牧披荆斩棘,最终成为行业领先者。

(2)讲故事的文案更具感染力。一般而言,相对于理性的文字,感性的文字更容易打动人,为人所亲近,而故事性的文案则能巧妙地把产品和用户的生活场景融合在一起,继而最大限度地提升对用户的感染力。

(3)更具转化力。故事性文案更易激发用户消费的欲望,因为它对用户心理把握得更精准,能够把产品使用场景和用户生活更紧密地连接起来,因而煽动性更强,更容易激发潜藏在用户心中的消费欲望。

(4)更强传播性。一则有趣的故事,往往会调动起用户强烈的分享和传播欲望,使其在微信朋友圈、QQ 空间、贴吧论坛、微博等自媒体平台上迅速传播,从而造成信息引爆现象,提升产品的知名度。

5.4.2 真实的故事更感人

苹果手机在乔布斯讲述了一个自己极端执着于技术进步的故事后而名声大涨,摇身一变成为全球手机界的"名媛贵女";特斯拉在其创始人马斯克讲述了一个自己疯狂"组装电动汽车"的故事后摇身一变成为汽车界新贵；王老吉则凭借着其创始人王泽邦的创业故事创造了凉茶界的销售奇迹……可见，真实的故事感染性往往更加强大，能够在用户心中留下更为深刻的印象。

而虚假的文案故事虽然可能为品牌带来暂时的好处，从长远看却无异于"饮鸩止渴"，会为企业带来极大的危害，如图 5-28 所示。

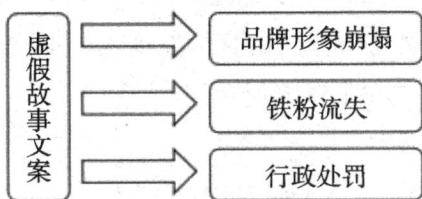

图5-28　虚假故事文案的危害

5.4.3　用网络语言讲故事

随着移动互联技术的迅猛发展，网络已经成为人们生活中不可或缺的一部分，互联网也因此成为营销文案必须攻占的阵地。在这种大背景下，互联网语言在线上线下都有着数量众多的"粉丝"，调皮、搞怪、有趣的网络语言渐渐成为一种独具魅力的叙述方式。

基于此，适当地在故事中引入一些网络语言，或以网络语言来诠释故事，成为一种故事文案的创作形式。

5.4.4　品牌文化的真情营销故事

有着一百多年历史的 Chanel，在其发展传播过程中便一直传颂着嘉伯丽尔·香奈儿的浪漫爱情故事。在童年就失去双亲的她磨炼出了一种坚韧的个性，后来成为歌女，慢慢地有了名气。香奈儿成名后结识了俄国作曲家伊戈尔·斯特拉文斯基，资助他继续创作。之后香奈儿又结识了很多人，每一段经历都给予了她浓郁的创造灵感，为香奈儿品牌注入了时尚婉约、简单舒适、纯正风范、青春靓丽的文化元素。

正是有了嘉伯丽尔·香奈儿的浪漫爱情故事，Chanel 才会享誉全球——嘉伯丽尔·香奈儿的浪漫爱情故事承载着 Chanel 的品牌文化传播到了世界的每一寸土地，将 Chanel 的历史、内涵及精神传递到"粉丝"的心中。

由此可见，品牌文化的真情营销故事更具感染力和传播性。那么，我们可以从哪些方面讲述品牌文化的真情故事呢？要想解答这个问题，我们可以从三个方面入手，如图 5-29 所示。

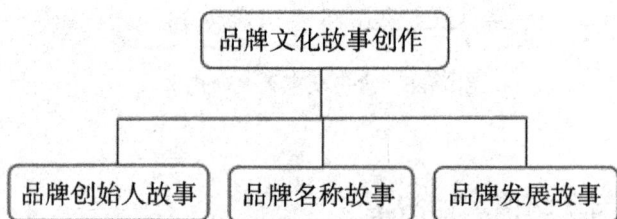

图5-29　品牌文化故事创作方法

（1）品牌创始人故事。将品牌创始人的经历提炼为故事，与品牌融为一体，继而在用户内心中留下深刻的印象。

（2）品牌名称故事。如德芙巧克力便通过一个遗憾的爱情故事讲述了德芙品牌的由来及其商标"Dove"的含义。

（3）品牌发展故事。在品牌的发展过程中，出现了什么值得铭记的人和事？通过加工、提炼，将其讲述出来。

5.5　一句话、一幅图直达营销核心

很多时候，文案文字并非越多越好，看似简单的一句话、一幅图，也

能够形象有趣地把营销核心展现在用户的眼前，取得超出预期的效果。

5.5.1　一句话文案提炼四要素

一句话就是一篇文案，用户看得到、记得住、传得出，这样的文案才是产品营销和推广利器。因此，我们在创作文案时，要学会用一句话概括产品或服务的特点，直接把营销核心展现在用户的眼前，烙印在用户的心中。

那么，如何才能提炼出深入人心的一句话文案呢？不妨从四个方面入手，如图 5-30 所示。

A　定位精准

B　和用户建立连接

C　明确用户成本

D　表达方式具体、新颖

一句话文案四要素

图5-30　一句话文案四要素

（1）定位精准。一句话要想击中用户痛点，在定位上就必须精准。简而言之，一句话文案首先要确定目标人群，我们要多问一问，文案是写给谁看的，针对的是哪个年龄段。

（2）和用户建立连接。在当前这个快节奏的时代，每个人都会忽略和自己没有利害关系的信息，关心那些和自身有利害关系的信息。因此，一句话文案需要突出产品或服务所能带给用户的价值，所能达到的效果，和用户快速建立连接。如"怕上火喝王老吉"，短短一句话，就将自身品牌和"怕上火"的人群迅速地建立了连接，从而达到了良好的营销效果。

（3）明确用户成本。成本是指用户使用产品的代价，主要是金钱成本。当用户在明确自己获取价值的成本很低甚至为零时，他们对文案的印象通常会更加深刻。

（4）表达方式具体、新颖。常见的表达方式会让用户产生审美疲劳，比如很多烧烤店的广告语经常会出现"严选""讲究""秘制"等词语，这类公式化的一句话文案看起来没有什么差别，自然也就无法带给用户新奇感。一家烧烤店老板则做出了差异，打出了"新鲜的土鸡，让您吃掉舌头"的广告，形式新颖而俏皮，吸引了很多人前去品尝。

5.5.2　一幅图的选择

生活中，处处有图画文案的身影：组织一次社区活动，需要在社区宣传板上张贴一张海报，邀请大家积极参与；电影首映之前，各种吸睛的电影图画文案会占领报纸、电视和自媒体，力求把更多的人拉进电影院；一种新产品推出市场前后，企业也喜欢以各种美图俘获更多消费者的芳心……由此可见，一幅图的作用是非常大的，利用得好可以达到良好的宣传和引爆效果。特别是当前的移动互联网时代，人们对感官满足的需求越来越大，所以各类企业在开展市场推广活动时都会把视觉冲击力强大的宣传海报作为重点，把它看作俘虏消费者视觉的主阵地。可见，海报设计得好不好，关系着企业系列活动能不能取得良好的成果。

那么，如何才能设计好一幅图文案呢？我们可以从四个方面入手，如图 5-31 所示。

（1）突出宣传主题。我们在设计图画文案时，首先要确定好图画文案的主题，做好这一点，才能确保给用户一个明确而又印象深刻的视觉感。在人的五官中，鼻子处于一个中心位置，眼睛、耳朵、嘴巴和脸都是围绕着鼻子展开的，假如鼻子的位置不对、位置不突出，那么整个人脸自然会变得丑陋。同样的道理，图画文案的主题就好比人的鼻子，不加以突出，那么图画文案的颜值也会因此而毁掉。

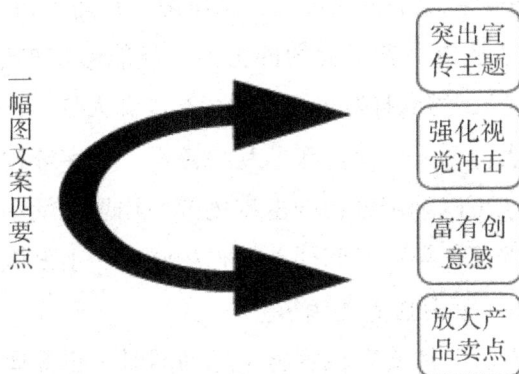

图5-31　一幅图文案四要点

　　天猫"双十一"发展到现在，已经成为全国乃至全世界消费者一年一度的购物狂欢节。每个消费者都早早地看好了自己中意的商品，等待着"双十一"的到来，然后在零点疯狂抢购。2018年"双十一"，天猫商城为了突出"双十一"，组织平台上的各个实力商家展开了一波主题鲜明的海报轰炸，每个商家的海报核心主题就是"猫＋品牌"，让消费者看了之后产生了天猫将世界各大品牌收入猫头之内的感觉，如图5-32所示。

图5-32　天猫"双十一"主力商家海报

　　（2）视觉冲击让人"目不斜视"。现在各种图片文案铺天盖地，让用户目不暇接，很容易产生审美疲劳。如何才能在海量的活动图片文案中脱颖而出，使其真正地抓住用户的眼球，走进用户的内心呢？从感官上而言，人们的生活和工作对视觉的依赖最大，正所谓"百闻不如一见"，只要在视觉上做好文章，营造出一种强大的冲击力，就能够牢牢地锁定用户眼球，让他们"目不斜视"，继而打造出超强的关注度和人气。

（3）富有创意，令人惊艳。除了利用色彩、文字等构筑强烈的视觉冲击力之外，我们还可以利用独特的富有创意的构思让活动海报亮起来，营造一种惊艳感，继而在第一时间俘获用户的眼球，引发围观效应，继而引爆人气，带动相关产品和服务的销售。

（4）放大卖点。图片文案在突出主题的同时，也需要将卖点放大，让用户一眼就能明白我们想要表达什么，然后才是他们考虑自己是否需要这种产品。如果我们发布的图片文案卖点不突出，什么内容都有，什么内容都没有亮点，就不会对用户产生强大的吸引力。

蓝魔手机为其新品 MOS3 发布了一张宣传海报（图 5-33），整个海报最亮的地方只有三个字"真心快"，让人们在第一时间就了解到这款新品的卖点是什么。蓝魔手机海报用"真心快"来形容 MOS3，并且采用飞速行驶中的富有科技感的摩托车形象画面进行生动表达，让人们情不自禁地生出一种强烈的好奇心：这款手机到底有多快？"真心快"这一表述虽然看似简单，但是通俗易懂地突出了蓝魔手机的卖点——消费者从中可以直观地意识到"快"是蓝魔 MOS3 的最大特点。而"真心快"更是立足于消费者，从"心"出发，更像是

图5-33 蓝魔手机MOS3宣传海报

消费者使用之后发自内心的感受。

5.6　文案品牌化

把文案打造成用户眼中的品牌，让用户期待文案，爱上文案，信任文案，传播文案，文案的作用才能发挥到极致。

5.6.1　利益诉求法

所谓利益诉求法，是指文案以产品能为用户带来的好处、心理满足为切入点，指出用户能够获得的利益，如图 5-34 所示。

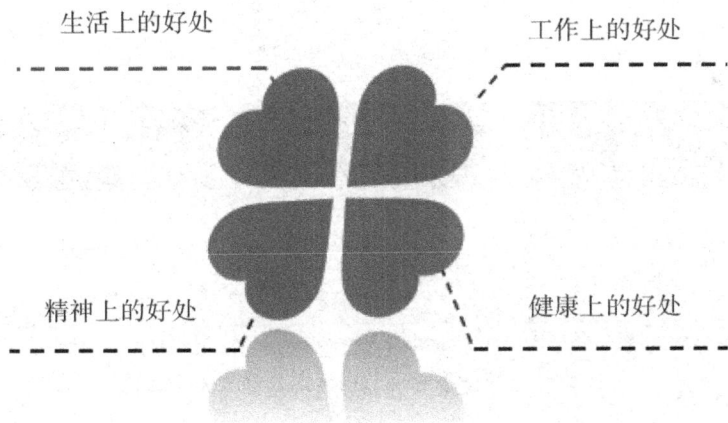

图5-34　用户期待获得的利益

如某牙膏厂家开发出了一款新产品，具有美白、防蛀等功能，其营销文案中便突出了这种能够为用户带来的好处：一口洁白、健康的牙齿。

再如，宁夏红枸杞酒的文案便把自身能给予用户的好处清晰地传递给了用户。很多人提到酒，总是将其和"伤身"联系起来，宁夏红枸杞酒却抓住了"健康"这一利益，通过文案给予了用户健康上的好处，满足了用户的健康期待，让用户喝得舒心、喝得放心。

5.6.2 美誉度

所谓美誉度，简而言之，就是让用户看到听到之后能够在心里叫好。一个好的文案，能够快速地在用户心中树立起品牌的良好形象，引导用户更积极地分享自身对品牌的正面看法。

通过文案提升品牌在用户群体中的美誉度，可以从三个方面入手，如图 5-35 所示。

图5-35 文案提升品牌美誉度的三个方法

（1）阐述品牌定位。品牌定位在很大程度上影响着品牌在用户群体中的美誉度，如小米手机的品牌定位就是"为发烧而生"，死磕性价比，因此在用户群体中的美誉度一直非常高。所以在创作文案时，需要把品牌的定位说清楚，说到用户心坎中。

（2）展示产品品质。产品品质是品牌美誉度的基础，产品品质好，美誉度自然就高，反之，产品品质差，美誉度自然也就低。策划者可以站在用户的视角，以亲身体验的方式介绍产品，分享体验心得，提升产品在用户眼中的高品质感。

（3）聚焦服务。在产品品质相差不大的前提下，服务的好坏往往决定了品牌美誉度的高低。因此，在创作文案时，需要聚焦服务差异化，力求写出亮点和特色。

如海底捞火锅的文案便非常注重展示自身服务上的差异化和亮点，如其官微上的一篇名为《小姐姐做个美甲吗？新增七种款式哦》的文章，便以俏皮的语言向用户介绍了海底捞新增的七种免费美甲服务，带给用户惊喜的同时也极大地提升了自身品牌在用户群体中的美誉度，如图5-36所示。

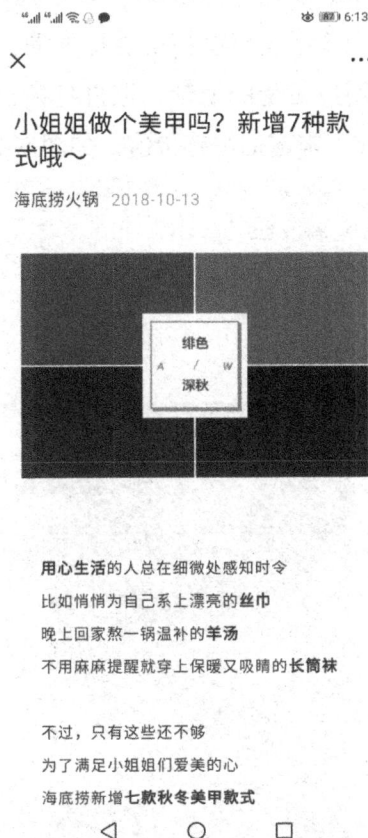

图5-36 海底捞火锅官微向用户介绍新增美甲服务

5.6.3　忠诚度

忠诚度是文案品牌化的一个重要目标。利用文案把用户和品牌绑定在一起，让用户对品牌更有忠诚感。那么，如何利用文案提升用户的品牌忠诚度呢？

策划者在创作文案的时候，可以从三个方面入手提升用户对品牌的忠诚度。

（1）了解用户的价值观。了解用户的价值观并在文案中与之匹配，是提升用户忠诚度的一个高效方法。用户重视什么价值，有什么期望，当文案能够解答和呼应这些问题时，自然会赢得用户的忠诚。策划人员可以通过听取销售反馈、大数据分析等方法提炼用户的价值观。

如星巴克的一篇名为《用全新星杯描绘每种爱，从小清新到绚烂如彩虹》的文章，便匹配了用户对爱的期待，把自身杯子的种类和各种情感进行了一对一的匹配，传递了丰富的情感价值，如图5-37所示。

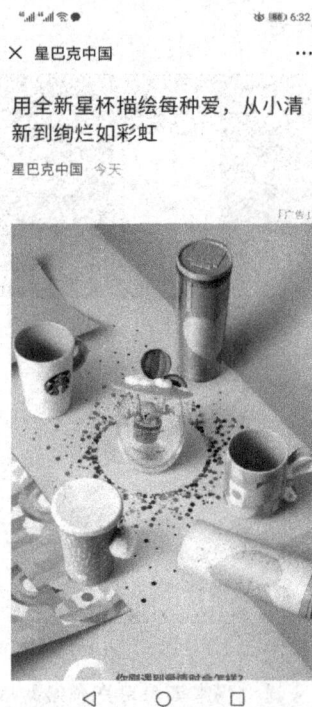

图5-37　星巴克中国官微上的价值匹配文章

（2）兑现承诺。策划者应当在文案中多构建兑现承诺的场景，在用户心中打造信任名片。要知道用户的忠诚度是不会给予不诚实品牌的。当品牌始终能够兑现承诺时，其在用户眼中就更值得信任，用户自然会越来越忠诚于该品牌。

（3）展示个性化服务。文案中展示出来的个性化服务越多、越精，文案对用户的吸引力就越大。

5.7　营销推广文案的撰写

营销文案好不好，将直接影响到产品的销量，因此必须给予足够的重视。

5.7.1　市场营销文案

企业的市场营销文案创作得好，产品和服务才能走到用户的心坎里。"一篇好文案胜过100个营销高手"，说的就是这个意思。那么我们在创作市场营销文案时，需要从哪些方面入手呢？

（1）明确用户的核心需求。用户的购买行为是需求驱动的，因此在营销文案中，必须明确这一需求。正如传奇广告文案大师尤金·施瓦茨所说："文案不能为一个产品创造欲望，它只能把千万人心中已经存在的希望、梦想、恐惧及欲望聚集在某一特定的产品上。"策划者可以通过市场调查、用户访谈等形式分析目标用户群体的需求和欲望。

（2）放大用户关注的信息。在营销心理学上，存在着一种"隧道视野效应"，说的是消费者在消费时视野往往有限，如同身处隧道，所见的环境极为有限，因而过于计较眼前的蝇头小利。因此，当营销文案放大用户关注的利益和信息时，就能制造出强烈的磁石效应。比如一家房地产公司开发的楼盘坐落在市区的景观河旁边，在创作营销文案的时候，就放大了这一点，将楼盘称为"水岸名邸"，对消费者产生了强烈的吸引力。

（3）讲述一个引人入胜的故事。故事的转化率是非常高的，现阶段消费者获取信息的渠道越来越多，对各种信息轰炸变得越来越有免疫力。要想成功地走进他们的内心，就要吸引他们而非简单地"通知"他们。故事能够有效地构建场景，触发情感，从而快速地获得消费者的信任。

西贝莜面村官微上的一篇文章《这一次，满足你对莜面的所有好奇》讲述了莜面的故事，充满了人文情怀，场景性强烈，让消费者对莜面的前世今生有了更加清晰的认知，在消费者心中留下了深刻的烙印，如图5-38所示。

图5-38 西贝莜面村官微故事性文案

5.7.2 企业广告营销文案

在企业运营过程中，企业广告是最为常见的广告模式之一，做得好，能够帮助企业快速地打响知名度。在创作企业广告文案时，首先要从企业视角触发，遵循四个方面的要求。

（1）语言表述要规范。企业广告在语言上要相对"严肃"，要求文字规范，信息完整，才能在用户心目中营造出企业的正面形象。

（2）内容明确。在策划企业广告时，要避免在内容上产生歧义，遣词造句要确保精准。

（3）符合习惯。企业广告要通俗易懂，尽量避免用生僻字，杜绝"生造"大部分人不能理解的词汇。

（4）语言亲民。尽量少使用专业性术语，要让用户看了就懂。

在确保遵循企业广告文案策划的三点要求基础上，还需要突出四个重点，才能确保企业广告具备一定的吸引力。

（1）有特色。企业广告文案要有一定的特色，做好区分度，才能吸引用户群体的关注。如视角上的特色、文字的特色、风格上的特色，等等。

（2）善创新。企业广告文案要有创意性，才能让用户眼前一亮。

（3）有情感。企业广告不能只讲自己，还要与用户进行情感连接，做到有效的情感互动。

5.7.3 分销渠道推广文案

分销渠道是指产品生产出来以后流向终端消费者的具体途径。对企业而言，创作好分销渠道文案有助于产品的顺利流通，帮助企业实现快速变现。

策划者要想写好分销渠道推广文案，首先要对分销渠道有一定的认知。分销渠道的相关受众可以分为两类，分别是分销产品的生产者和终端的产品销售者，他们的主要作用是对产品信息进行分类，运输产品，承担相关风险，进行信息反馈。

分销渠道推广文案在内容上侧重于产品的分销、渠道和推广，重点突出，信息全面。要想写出优秀的分销渠道推广文案，就要聚焦影响产品分销渠道建设的因素，对其进行重点分析，如图5-39所示。

图5-39　影响产品分销渠道建设的四个因素

（1）企业因素。在文章中重点聚焦产品生产企业，通过强化企业在资金、技术、服务等方面的实力，快速获得用户信任。

（2）环境因素。介绍产品生产环境、流通环境以及仓储环境等，强化产品在流通过程中享受到的"优质待遇"，促使用户对产品品质产生更大信任。

（3）市场因素。通过强化产品在市场中的紧俏性，在用户心中打下"销售火爆"的印记，促使用户快速下单。

（4）中间商因素。通过介绍中间商的实力和薄利多销的营销理念，引发用户的消费行为。

5.7.4 媒体渠道推广文案

媒体渠道是指通过各种媒体进行推广的路径，具体可以分为传统媒体渠道和互联网媒体渠道。传统媒体渠道主要指电视、报纸、杂志等，互联网渠道具体指网站、APP、IPTV、微博、微信、贴吧、搜索引擎、问答平台等。在当前互联网迅猛发展的大背景下，互联网推广渠道的影响力越来越大，已经成为很多企业进行产品和品牌推广的首选。

要想创作好媒体渠道的推广文案，就要综合考虑各种媒体形式，制定媒体整合渠道方案的相关内容，以实现最终的目标。为此，要将文案重点锁定在四个方面，如图5-40所示。

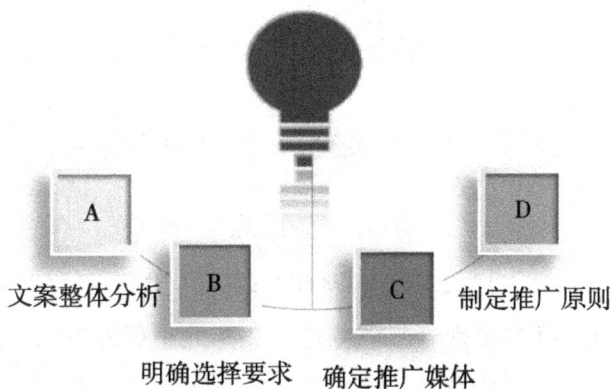

图5-40 媒体渠道推广文案关注重点

（1）文案整体分析。文案的主题是什么，采用什么形式才更适合主题，在内容上采用什么表现手法，都需要提前明确。

（2）明确选择要求。选择的要求是什么，具体有什么标准，需要提前明确。

（3）确定推广媒体。文案在哪个媒体上推广要提前确定，结合媒体特点和受众群体兴趣点，创作相应的文案内容。

（4）制定推广原则。在文案推广的时候需要秉持何种原则，如何引导用户分享转发，要制定出相应的原则。

5.7.5　网站推广文案

网站推广文案主要是通过网站进行信息传播的，是当前企业和商家在推广时经常用到的文案类型之一。企业和商家在网站上进行推广，文案好坏将直接决定推广的最终效果，假如文案写得不好，导致产品定位不准确，吸引力不足，对用户的吸引力自然也就不足。

为了确保网站推广方案对用户产生足够的吸引力，在创作文案时，需要重点从以下四个方面入手，写出亮点，如图5-41所示。

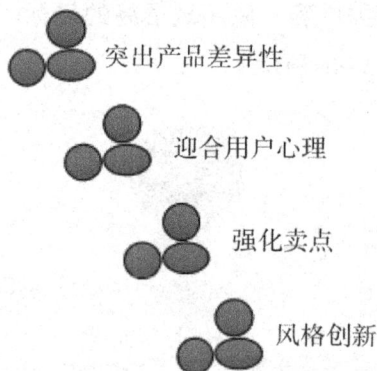

突出产品差异性

迎合用户心理

强化卖点

风格创新

图5-41　网络推广文案创作重点

（1）突出产品差异性。当前各行各业都处于买方市场，用户选择的余地越来越大，对各种信息的免疫力也越来越强。网站推广文案要想吸引用户，就必须把产品的差异性凸显出来。

（2）迎合用户心理。用户需要什么，渴望什么，期待什么，网站推广文案就要强化什么、突出什么。如用户都想用少的钱买到最好的产品，那么文案就要强化产品的性价比，迎合用户占便宜的心理。

（3）强化卖点。卖点就是产品的价值点，文案中展示出来的卖点越多，文案本身对用户的吸引力自然也就越大。

（4）风格创新。网站推广文案要在风格上有一定的创新性，不仅要紧跟网络文案潮流，还要有一定的开创性，能够在吸收网络语言的基础上在风格上进行创新。

5.7.6　会议推广文案

一般来说，会议推广文案大都青睐 PPT 形式，力求简明、形象、具体、生动。会议推广文案的核心在于会议本身，文案的主要内容也是围绕会议构建的，因此要想创作好文案，就必须了解会议的形式和目标。

会议推广文案以推广为目标，但是文案本身只是属于会议文案的一种类型。因此可以从会议文案的方式入手，了解相关文案的创作重点，从而为会议推广文案打好基础。

会议推广文案的创作重点主要集中在四个方面，如图 5-42 所示。

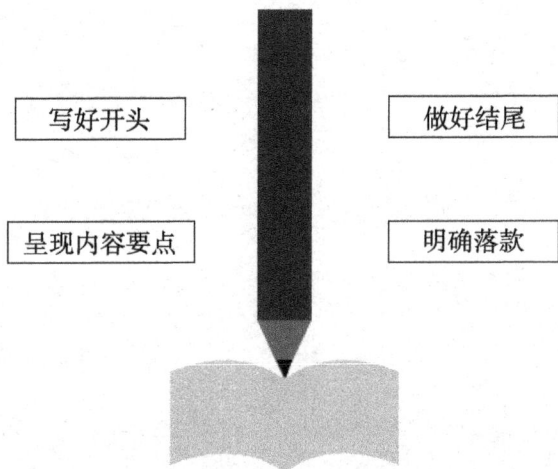

图5-42　会议策划推广文案内容四重点

（1）写好开头。在会议推广文案的开头，要对会议的基本要素进行说明，让用户能够在第一时间掌握文案的内容。

（2）呈现内容要点。在内容上，要把重点、要点写出来，诸如会议的宗旨、主题、规模等。

（3）做好结尾。要根据会议方案的性质确定结尾内容，总结文案。

（4）明确落款。要在文案最后写明方案的发文机构并盖章。

113

6

引爆：集中造势，扩大活动影响力

活动要想达到最大效果，提升影响力，就必须学会引爆。因此，在活动策划过程中，要善于寻找引爆点，制造引爆点，调动用户的参与感，推动用户分享，提升活动的人气和影响力。

6.1　刚需、高频、痛点

要想打造出活动爆品，让活动火爆一个城市甚至是全国，活动策划者就必须了解活动运营的三个爆品支点——刚需、高频、痛点。活动策划者只有抓住目标用户人群的刚性需求，从需求频次最高的行业切入，满足用户的最急迫需求，才最有可能获得用户群体的青睐，引爆用户参与感，成功地打造出爆品。

6.1.1　不取"远水"，只饮"近水"

在策划活动的爆品思维中，刚需是必不可少的，也是最基本的一个引爆要素。假如活动策划者做活动脱离了刚需的基础，那么不管设计的活动看起来如何"高大上"，涉及的范围如何广大，都只是空中楼阁。试想一下，活动脱离了用户的刚性需求，在用户关注的视野之外，又如何提升自身知名度、引爆人气呢？简而言之，对活动策划者而言，没有需求的活动，就意味着死亡，更不用谈什么红红火火了。

"不可或缺"才是活动火起来的土壤。很多活动策划者在策划活动时，最常犯的一个错误是"想到啥做啥"，这些活动策划者习惯做自身认为最具号召力和影响力的活动，希望在此基础上打造一个活动品牌。善于想象是对的，但假如活动策划者只盯着自己，不管用户的需求是否存在，那么策划出来的活动就很容易掉进"好活动无人气"的陷阱中。所以，活动爆品思维首先要瞄准"不可或缺"，能够抓住用户的刚性需求。

生活中，人们的消费存在着必需和非必需两个层次。衣、食、住、行这类需求是人们生存和工作中所必需的，因为人们要活着，就必定要吃饭、穿衣、住宿，一顿不吃就会饿，不穿衣服就会成为别人眼中的精神病患者，没有住的地方则要露宿街头，安全感自然会大大降低。同样的道理，工作自然要出行，社交也需要去各种场所。也就是说，在人们的生活中，存在着必须消费的领域，不购买这些消费品，生存就会受到威胁，生活将会陷入困境，工作也将寸步难行。所以，当企业瞄准这些"必须消费"的领域设计活动时，所推出的活动就会带有"不可或缺"的属性，其激发用户参与感的概率就会大大提升，如图6-1所示。

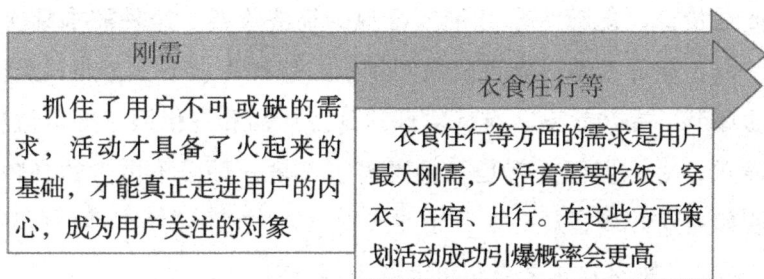

图6-1 刚需的概念

6.1.2 远离一次性，挖掘多次性

活动策划者要想找到活动的引爆点，在抓住了用户刚需后，还需要从用户"高频"入手，在用户需求频次最高的领域做好文章。所谓"高频"，就是用户的高频次需求，用户对某类产品或情感在单位时间内需求的频率越高，意味着这类产品或情感的被消费次数越多，越受用户的关注和喜爱。企业针对用户"高频"策划出来的活动，受欢迎的可能性自然也会越高，成功引爆的概率也会变得更高。

（1）用而不频是制造爆品的毒药。很多活动策划者设计出来的活动，不管是从品质还是风格上都是一件"精品"，然而一旦面对用户投放，反应却乏善可陈，关注的人寥寥无几，门可罗雀。为什么会出现这样的状况呢？其实答案很简单，这些活动策划者并没有抓住用户的真正需求，设计的"完美活动"只是抓住了用户的"伪"需求，进入了一个"需而不频"的陷阱。

因此，要想让自己的活动火爆起来，活动策划者就必须抓住用户的高频次的真需求，避开低频次的伪需求陷阱。那么，企业怎样区分真需求和伪需求呢？

所谓真需求，是指用户的需求本身就客观存在，企业并不需要投入大量的金钱和精力来培养用户的习惯。也就是说，这种需求对企业而言具有真正的商业价值，能够为自身带来可观的经济收益。这种需求频次较高，可持续性强，能够为用户真正解决问题。在这种需求下，企业只需整合资源，打通环节，提升效率，有针对性地开发产品和提供服务即可盈利。比如打车需求，对人们而言就是一种真需求，是一种必不可少的高频需求。反之，假如需要并非客观存在，企业又得投入大量的财力、物力和人力去培养用户习惯，那么这种需求就可能属于伪需求。

另外一个判断伪需求的标准就是烧钱过后看需求量是否增减。如果是真需求，烧钱过后依然会保持一个可观的需求量，伪需求就不同了，没了补贴马上下降，这就是伪需求。

"从 A 点到 B 点，开车只花了 15 分钟，结果找停车位花了 30 分钟。"在北上广等大城市，这绝对不是一个笑话，停车难已经成了有车一族的老大难问题。如果能有一个类似于滴滴打车这样的打车软件，临出门前查好车位信息，进行网上预约，到地方后可以停车不用排队，更不用担心没有位置，是不是会方便很多？这就是一个高频需求，能够做好这一点的企业，势必会成为有车一族出门之前必定聚焦的所在，成为大家生活中不可或缺的部分。正因为抓住了用户这一高频需求，滴滴快车的各种活动总是能够引发用户积极参与，甚至成为社会热点事件。

（2）细分引导，制造高频。企业除了直接针对用户的高频需求设计活动外，还可以通过细分传统低频需求行业的方法制造高频需求，在此基础上进行活动设计。要知道某个行业看似属于用户低频需求，但是如果企业能够将之细分化、多元化，那么就可以有针对性地契合用户的高频次需求，甚至制造出一个全新的高频需求领域。

如家电清洁维修行业，到底是高频还是低频？有人说上门维修O2O肯定是低频行业，谁家东西成天坏，而且坏到需要修理的地步？仔细想一想，这句话确实非常对。但是假如我们细分一下家电维修这个行业，把传统意义上的维修细分为安装、保养、清洁等领域时，就抓住了"70后"和"80后"的高频次需求。"70后"和"80后"是移动互联网的重度使用者，经济实力比较强，对生活质量的要求也很高，却并不具备自己动手保养、修理和清洁家用电器的能力。更为重要的是，这类人群时间比较紧凑，精力有限，对于这些耗费时间和精力的家务事，很自然地就会选择做一个"懒人"，把问题一股脑地交给专业人士解决。对他们而言，动动手指就能解决的问题，为什么要亲自做呢？所以，企业有针对性地开展"懒人"活动，就能够获得高流量的回报。

（3）聚焦小众，挖掘高频。对活动策划者而言，假如对用户普遍性的高频需求把握不好，不妨把用户进行细分，在小众群体中挖掘高频需求，继而有针对性地设计活动。要知道，对某一类群体而言，对活动的需求相对于大众消费而言可能比较狭隘，但是特定活动需求频次非常高，比如儿童群体喜欢卡通娱乐活动，老人群体喜欢健康养生活动等。假如企业能够把握住这类小众群体的高频需求，有针对性地设计活动，那么也可以凭借着小众群体的高频次需求成功引爆活动人气，达到预设的效果。

6.1.3 聚焦"失控点"

所谓"失控点"，就是对消费者而言需求很大却无力控制的领域。在这个领域内，用户对某种产品明明有着非常强烈的需求，却因为自身无法控制而被迫压制需求，这样一来，对用户而言，"失控点"无疑是一个巨大的消费痛点。当活动策划者能够在活动中把这种"失控点"有效地控制起来，把"失控"变为"可控"，便能在一瞬间释放用户之前被压抑的需求，把痛点变为痛快，快速地引爆活动。

新辣道通过前期市场调查发现消费者对小龙虾有着莫名的喜爱，很多人外出就餐时会想吃一顿丰盛的小龙虾大餐。在小龙虾身上却有一个"失控点"，让消费者望而却步，既想吃又不敢吃，那就是小龙虾和肌肉溶解症之间有了某种联系，很多人因为吃小龙虾患上了横纹肌溶解症。虽然一些商家推出了"小龙虾险"，食客患病之后最高能够获赔两万元，但是仍不能从根本上解决消费者对小龙虾使用安全问题的担忧。

针对这一"失控点"，新辣道开展了一系列有针对性的活动，推出了自己的良记小龙虾外卖品牌，通过彻底打消消费者对不卫生的小龙虾引发肌肉溶解症的担忧，打造自己的爆品。为此，新辣道专门花费巨资修建了自己的小龙虾养殖基地，从国外引进最先进的小龙虾养殖技术，为消费者提供干净、健康、标准的小龙虾，让消费者可以放心地享受小龙虾特有的美味。这样一来，阻碍消费者享受美味小龙虾的"失控点"就被新辣道彻底消灭了，其推出的良记小龙虾外卖产品获得了巨大的人气，成为很多人食用小龙虾的首选产品。

6.2 走心才更易传播

对活动来说，获得用户的情感认同是非常必要的，有了情感上的纽带，点燃了情感爆点，那么活动策划者打造人气活动的道路就会更加从容。但用户对活动的情感并不是凭空养成的，它需要活动策划者进行持续的情感投资。

6.2.1 挖掘情感需求

想要让活动走心，展现出情感的魅力，让消费者产生情感共鸣，那么活动就必须抓住消费者的情感痛点，从消费者最急需的情感需求入手，让活动成为温暖消费者心灵的"火焰"。如此，企业的活动才能真正走心，为消费者所铭记。

2019 年 9 月，奈雪的茶携手《人民日报》，在"70 而潮·中国正当潮"活动中高调亮相。奈雪的茶和《人民日报》除了推出联名款茶饮"报款"茶石榴外，还联合打造了"有为青年看报喝茶"快闪店，以时代的巨大变迁拨动了用户的情感之弦。

在"有为青年看报喝茶"快闪店，用户可以看到醒目的"国潮红"，还可以体味 70 年国人生活环境变迁和茶饮习惯的更迭。用户一边喝着香甜的茶，一边看着刻满生活印记的小油灯、竹斗笠、三转一响、老式电器，体验不同时代独特的饮茶习惯。

这种带着时代气息的活动，不仅吸引了无数年轻用户到店打卡，更令不少"70 后""80 后"甚至"60 后""50 后"驻足良久，在快闪店内追忆曾经的似水年华。

另外，在快闪店入口处还设置了奈雪小卖部，里面复古的木制货架上陈设了"爷爷喝的茶""爸爸喝的茶"和"我喝的茶"，分别装在军用水壶、保温杯和奈雪经典杯子里。还有一款定制的搪瓷缸，用户端着它可以任意喝茶。

时代的变迁，洗涤着人们的情感。怀旧也好，感怀也罢，一秒穿越 70 年看报喝茶，为用户情感上带来了酣畅淋漓的愉悦。

6.2.2 向用户致敬

除了持续性地举办一些和用户互动性的活动外，活动策划者也可以通过一些单向活动向用户表达情感，向其致敬。要知道在绝大多数用户心目中，会习惯性地认为自身和企业之间仅仅存在着买卖关系，如果活动策划者能够通过开展活动打破用户的这种习惯性认知，那么企业就会迅速拉近自身和消费者心灵间的距离，在情感上营造爆点。

华为在设计和营销荣耀系列手机时，就专门策划了一项情感活动——为"花粉"拍摄了一则宣传广告。在这则广告中，华为希望粉丝能够"勇敢做自己"，希望粉丝用这种正能量精神全面武装自己，变得越来越好，越来越成功。在这则专门推出的名为"勇敢做自己"的广告短片中，华为特别突出了本色、友谊、奋斗、勇气等正能量原色，鼓励广大"花粉"在生活和工作中要勇于坚持自己的梦想，挖掘自身的巨大潜力，勇敢地迈出第一步。这则广告短片以其阳光的风格和奋发精神深深地打动了粉丝，俘获了无数年轻人，让他们对华为品牌更具好感，极大地提升了华为手机的市场占有率。

6.3 引爆的三个炸点

要想成功地引爆活动，就需要设置相应的炸点，借此在短时间内提升活动的吸引力，引爆人气和流量。那么，一场活动需要从哪些方面设置炸点呢？所谓炸点，顾名思义，就是引爆点，对活动而言，最常见也是最有效的炸点设置方法有免费、补贴和奖励。

6.3.1 免费

免费在活动策划中比较常见，几乎所有的企业都在使用。免费的活动炸点看似老套，在活动运营中却经久不衰，足见其对活动引爆的重大意义。因此，活动策划者要善于在活动中引入免费互动环节，用得好，用得妙，自然也就能够顺利地引爆活动。

一般而言，活动免费炸点设置可以从以下几个方面入手。

（1）免费信息提供。活动主办方可以通过免费提供信息的方式，为用户提供他们感兴趣的价值信息。如可以针对喜爱旅游的用户群体发布一些目标地区的住宿、门票攻略，让目标群体做好行前规划。免费信息的发布可以有效地培养用户关注活动的习惯，是活动积累人气和流量的有效途径之一。

（2）免费试用。活动主办方在活动期间可以向用户提供免费使用产品的机会，让用户能够和心仪的产品亲密接触。这种免费形式对用户具有相当大的吸引力，所能引发的爆炸效应也比较强烈。比如活动方可以推出一些免费试用装，只要用户进行申请，就可以使用自己心仪的任何产品。这种炸点最大限度地迎合了用户的猎奇、尝试和免费心理，能够极大地提升活动人气，推动活动信息的爆炸式传播。

青桔单车进入银川之后，为了扩大知名度，增加用户数量，便开展了声势浩大的免费骑行活动。比如推出的"周末免费骑车"活动，采用周末免费骑行的策略，吸引更多的用户下载手机 APP，注册成为用户。

（3）免费赠送。活动主办方在活动期间可以拿出一定数量的产品无偿赠送给用户，堪称现实版的"天上掉馅饼"。这种炸点设置方式迎合了用户的"运气心理"，因为每个人在潜意识中都会觉得自己是运气最好的那个人。所以当活动主办方许诺赠送产品之后，几乎所有的用户都会关注、会心动，认为自己一定能够成为"幸运儿"，这样一来用户便会争相参与活动，顺利地制造出引爆效果。

如小米就善于在宣传活动中抛出"转发送手机""转发送移动电源"炸点，为了推动活动信息的传播，小米每次都会拿出一定数量的手机赠送给幸运用户。手机数量有限，人们却都以为自己会成功抱得"美人"归，自然转发量火爆，小米所传播的信息也就随着巨大的转发量迅速地分裂，占领了用户的碎片化时间。

6.3.2 补贴

除了免费，活动策划者还可以利用补贴的形式设置炸点，引爆活动人气。顾名思义，补贴就是对用户进行价格上的让利，给予一定的折扣，降低用户获得产品或服务的成本。从用户心理上看，几乎所有人都倾向用最少的付出获得最大的回报，补贴引爆正是紧紧地抓住了用户的这一消费心理，在活动中给予用户一定比例的价格优惠，从而吸引用户快速参与活动，并且迅速地向周边分享活动信息，推动活动信息的裂变式传播，最终迅速引爆人气。

每年6月是京东的店庆月，每年的6月18日是京东店庆日。在店庆月，京东都会推出一系列的大型促销活动，以"火红六月"为活动宣传口号，其中6月18日是京东促销力度最大的一天。京东"6·18购物节"一个最吸引用户的地方就是各种产品价格比平时低很多，量多价低，为此很多用户提前几个月就做好了参与的计划。

6.3.3 奖励

与免费和补贴不同，奖励主要利用的是用户的贪小便宜心理，以"大奖一定是你的"这种心理暗示吸引用户参与活动，引爆人气。在人们的心里，普遍存在着这样一种心理暗示：天上一定会掉馅饼的。所以在活动运营中，当活动方引入奖励机制后，就会极大地刺激用户的贪小便宜心理，在短时间内吸引大量用户为了奖品而参与到活动中来，特别是活动成本为零的时候，用户的参与积极性会更加高涨，活动引爆的概率也会无限地增大。

青春小酒江小白让人心动的不仅仅是其口齿流进的香醇口感，还有回味无穷的经典语录。喝着江小白，品味瓶身上语录，回味人生点滴，已经成了时下年轻人的一种最新的喝酒习惯。为了进一步巩固江小白在用户心目中的品牌形象，加强与用户间的互动，江小白还不时地开展"有奖征集表达瓶故事"活动，鼓励用户讲述由语录而想起的自己或者身边人的故事。这一系列活动点燃了用户的参与热情，一来活动很走心，和大家分享自己难忘的故事，是很多人都比较热衷的；二来奖品设置得当。于是每次活动开展后，用户纷纷在评论区留言，畅谈自己对语录的看法，表达投稿参与活动的意愿。

6.4　紧贴热点

众所周知，热点事件往往具备超高的受关注度和影响力，能够制造出超级网红，制造出互联网流量风暴。假如活动能够及时地搭乘上热点事件的顺风车，那么就可以借助热点事件的超高人气提升自身的知名度，为活动带来更高的人气和流量。

6.4.1　时间要热

活动要想搭乘热点事件的顺风车引爆自己，时间是一个不能忽视的因素。一般而言，热点事件也存在着一个生命周期，随着时间的流逝，原本热点的事件会慢慢趋冷，所以热点事件后活动推出的时间越短，能够借到的"顺风"就越多，引爆的可能性就越大。

抢跑期。一般为热点事件发生前的 12 小时内。假如活动策划者眼光够长远，消息更灵通，成功预测到热点事件的发生，那么就可以抢在热点事件之前进行活动推广。比如说北京冬奥会的申办，在冬奥会宣布胜选城市前，很多企业就做了相应的活动预热，让大家去投票，支持北京申奥成功，最终这些企业也成功地借助北京申奥的成功而引爆了自身活动。

黄金期。在热点事件发生后的一小时内是活动搭乘顺风车的黄金期，如果活动策划者反应能力强，能够在热点事件发生后极短的时间内开启活动进程，推出活动海报，那么不管在朋友圈还是微博上都会成为抢手的"香饽饽"，无数人都会转发活动图片素材，在短时间引爆的概率自然也就很大。原因很简单，因为绝大多数的用户都不具备专业的创新能力，所以只有一个和热点事件沾边的素材，他们便会在娱乐、使命等心理驱使下进行转发，借助这些活动素材表达自己的看法。但是在热点事件发生一小时后，大家都反应了过来，朋友圈、微博等自媒体社交平台上便会出现大量的热点素材，这个时候再去借势，受关注度自然大打折扣。所以热点事件发生之后的一小时是活动借势的黄金期，活动应该尽可能地做到快速制胜。

北京 2022 年冬奥会申办成功后，小米科技立即开启了活动模式，在微博上发布了一张活动海报——五个小米耳机组合而成的奥运五环，搭配上一句简单的"2022 让世界听见中国"。这一快速的反应能力，使小米耳机成功地抓住了北京冬奥会申办成功的黄金期，借助这一热点事件提升了小米耳机的人气和销量。

白银期。热点事件发生后的 6 小时内堪称活动运营的白银期，尽管在这一时间段内，热点事件的影响力渐趋减弱，活动借势的难度比较大，但是假如企业和商家方法得当，还是可以利用创意推动活动快速传播的。这时候，活动虽然失去了速度先机，但是假如创意优秀，做得足够好，一样也能搭上热点事件的顺风车，有机会出奇制胜。这一时期，活动要抓住的关键点就是一个"新"字，做到新奇，令人眼前一亮。

废铜期。热点事件发生后的 6—12 小时就变成了废铜期。这个时间很尴尬。如果你是一个没跟过热点的新人，直接做一个海报去传播的话还不如不做。因为这时候不仅仅需要创意，还要有很强势的资源，这两个条件对于大部分公司而言都是很难做到的。

烂铁期。热点事件发生后的 12—24 小时，此时做借势基本上没什么太大意义了。因为热点事件已经过去或者被玩烂。在这个时期，活动要想搭上热点事件的顺风车，就需要全方位、立体式地对热点事件进行剖析，去做深度报道，去植入更有创意的元素，甚至需要一些标题党，与别人相比，你是独树一帜的，这样才能制造出炸点。

6.4.2　三项原则

活动运营要想搭上热点事件的顺风车，除了要把握好热点事件前后的时间节点外，还要遵守择势、用势、造势的原则，才能最大限度地借势发展，形成引爆效应。

（1）择势。所谓择势，是指活动要选择什么样的热点，如何去选择。活动主办方在选择热点的时候可以采用以下方法。

①从微博热搜（图 6-2）、百度热搜等榜单上查找最新事件，选择最适合自身活动的热点，也可以从其中找到一些可能演变为重要社会热点的事件，提前做好搭车准备。

②紧跟一些优秀的企业，比如杜蕾斯、可口可乐、小米、宝马中国等。因为这些企业对热点的掌控往往非常精准，经常会借助社会热点进行相应的活动营销，都是活动运营的高手。企业紧跟这些企业能够精准地掌握当前热点，有选择地借势开展活动。

（2）用势。所谓用势，就是将热点和活动联系起来，进行放大，使活动尽可能地搭上热点事件的快车。那么如何进行放大呢？

①活动主办方可以在微信朋友圈、微博等自媒体社交平台上发布借势的活动海报。比如，发布在微博上，然后@一些大V、社会名人、媒体等；如果利用微信公众号进行发布，那么活动方就可以把海报分享到微信群、朋友圈。

图6-2　微博热搜排行榜

②付费传播。这种方法比较好理解，活动主办方如果财力比较雄厚，可以再把活动和热点事件结合，在电视台、报刊等大流量媒体进行传播。还可以聘请专业的营销策划公司来绑定热点和活动，进行炒作。

（3）造势。所谓造势，主要是从事件的发生模式说起，因为虽然一些热点属于突发事件，但是也有很大一部分热点是有预谋的，是可以提前预测、准备的。比如一些节日、特殊日等，春节、情人节、"双十一"、冬奥会、足球世界杯之类，都是热点事件的沃土。以情人节为例，每年一到情人节，很多企业便会抢搭顺风车，不管这些企业属于什么行业，都会在之前做好充分的准备，希望能够在情人节期间借助活动提升自身品牌人气，分享情人节大蛋糕。

爱分享利用情人节开展了情人节晒"结婚证"的活动（图6-3），瞬间引爆了朋友圈。因为契合情人节主题，帮助"单身汉"反击情侣的各种晒甜蜜行为，所以成为当天"单身汉"群体的最爱。据统计，情人节当天的"结婚证"生成量超过了 1000 万，爱分享新增粉丝 100 万，微博搜索量 400 万，排名热搜榜第二名，最高每秒有 3 万多人同时在线。

图6-3 爱分享生成的"结婚证"

6.5 注入仪式感

很多人小时候都玩过纸飞机，叠好的纸飞机在掷出去之前会先向机头吹一口气，然后才会使劲飞掷出去，似乎这样做就能让飞机飞得更高更远，永远也不落下。虽然飞机并不会因为我们所吹的一口气而更有"动力"，飞得更高更远，这个动作我们却一直在做，向纸飞机机头吹气，这其实就是一种仪式。

仪式是一个比较宽泛的词语，它不仅仅包括婚丧嫁娶这些大礼仪，还有很多小礼仪。比如在投掷飞镖的时候，很多人都习惯先闭上眼睛，深呼吸，然后再睁开眼，之后便会感觉自己可以掷中中心。其实在这个过程中，你投掷飞镖的能力并没有因此更强，你也没有被神仙附体，而是因为在这个小小的仪式中获得了自我暗示，让自身的注意力更加集中，感官对周围环境的变化更加敏锐，所以才会感觉自己的能力更加强大了。

仪式能够让活动更具凝聚力，让用户更重视、更信赖活动。那么，活动策划者如何利用好仪式提升活动的凝聚力和活跃度呢？

6.5.1 仪式要固定而鲜明

每次活动都需要固定好形式，比如，明确的开始和结束时间，明确的组织形式和开启方式，等等。为什么要固定呢？因为提升活动参与感的重要一点就是，在开始之前，所有的人都知道自己要期待的是什么。这就和一些商场、超市举办的"福利日"活动类似，消费者通过以前的宣传，知道自己可以在"福利日"活动期间低价购入什么产品，便会期待"福利日"活动能够尽早举办。

也就是说，当活动固定好仪式，慢慢就会培养出用户的期待感，就像筑坝蓄水一样，期待感越强，在闸门打开的那一刻，水的冲击力也就越大，成员的参与感也就越强烈，活动的气氛自然就会活跃起来，如图6-4所示。

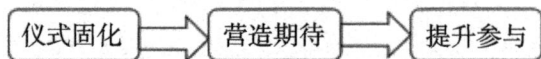

仪式固化 ➡ 营造期待 ➡ 提升参与

图6-4　仪式感提升参与感

智慧的活动策划者都非常重视仪式，都有一些固定活动步骤和原则。这些固定的仪式会让用户内心生出一种期待，他们虽然知道活动开始后会有一场演说，或者一场游戏，却不知道具体的演说内容，不了解活动的步骤和福利，为了找到这个答案，用户便会抱着更大的热情参与到活动中。

如秋叶PPT社群，每次有新成员加入时，都会有爆素颜照的入群仪式，这样一来，每次在新成员加入前，社群中的所有人都会产生期待感，而新成员也会借此机会与老成员进行互动，整个社群也会因此而活跃起来。

6.5.2 设计触发情景

活动仪式的固化能够培养出用户的期待感，但是一个人不可能对每个仪式都生出期待感，不可能每天都有"期待"。所以活动的仪式需要设计一种"期待"的触发情景，帮助用户快速地生成期待感。有时候，这种触发情景是固定的时间，比如社群固定在每周日晚上 8 点举办活动，这样一来，每次临近这个时间时，活动策划者只要进行简单的预热，用户就会产生期待感。有时候，这种触发情景还可以是某个事件，比如活动策划者可以组建一个"产品研究分群"，每次新产品研发出来开完发布会后，用户的第一反应就是讨论新产品和发布会，这时的触发仪式就是"新产品发布会"这个事件。

活动策划者只要长时间地强化"触发情景 + 仪式化"的组合，强化用户对仪式化的认同，那么用户就会形成条件反射：每次一到某个情景，便会在第一时间想到做这件事情。

6.6 文案引爆技巧

文案如何才能快速地制造出引爆效果呢？在创作文案时，活动策划者可以从基础素材、故事性等方面进行挖掘。

6.6.1 聚焦基础素材

很多企业在做活动时，总是喜欢搞一些看似高大上的形式，把绝大多数的内容浪费在一些副产品上。如一些企业在新产品发布活动中，喜欢把精力用在"大概念"和形式感上。还有的企业认为，做活动根本不用把太多的资源浪费在产品上，因为用户根本就看不懂。其实不然。在移动互联网时代，用户从来没有像现在这么聪明过，凭着一句华丽的广告语就购买企业产品的时代已经一去不复返了。

（1）移动互联时代，用户都是"专家"。随着移动互联网的快速发展，各种信息满天飞，人们可以轻易地通过互联网搜索到自己想了解的知识，成为某个方面的"专家"，甚至比产品开发和设计人员更了解产品的功能特点（图6-5）。在这种背景下，用户在购买产品前通常会仔细了解产品特性，搜索相关信息，和类似产品进行对比。

也就是说，现在的用户对产品的了解非常深入。明白了这一点，就不难理解很多企业举办的活动虽然形式多样，投入巨大，却很难见效的原因，因为用户不好"忽悠"了。面对这种现状，活动如何才能入"专家"法眼，吸引"专家"关注呢？这就需要活动聚焦基础素材，从产品和服务本身入手，去伪存真，才能为活动注入更强大的生命力。

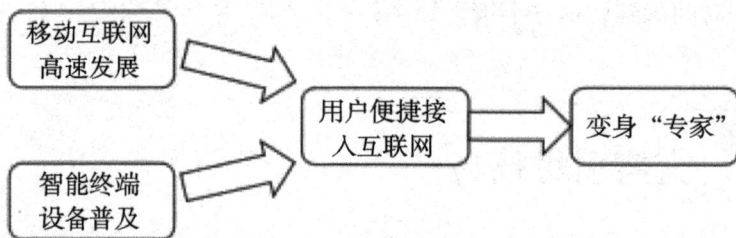

图6-5 移动互联时代人人都是"专家"

（2）基础素材就是聚焦产品本身。对活动策划者而言，要想凭借基础素材增强活动吸引力，提升人气，首先就要了解基础素材是什么。那么，到底什么才是基础素材呢？一言以概之，活动的基础素材是围绕产品本身而产出的各种内容，如图6-6所示。这些基础素材能够有效地让参与活动的用户直观地了解产品，从而对企业的活动有更深入的认知。

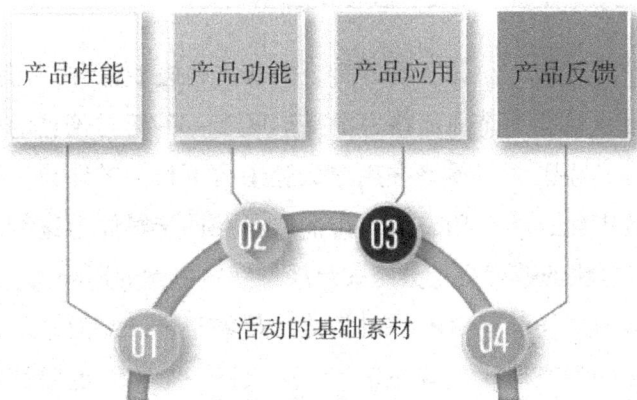

图6-6 活动基础素材内容

（3）基础素材展示出的"卖点"才是"专家"最看重的内容。在移动互联时代，用户可以方便地进入互联网，随时随地搜索自己想了解的信息，成为各个行业内的"专家"，那么活动策划者在策划活动的时候，不妨开门见山，把最基础的素材搬出来，用最真实动人的"卖点"来吸引用户。如产品发布会可以在新产品的各项功能数据上做文章，进行精彩展示；营销活动突出让利折扣，用巨大的补贴数额吸引消费者眼球；等等。这些最基础的素材恰恰是用户关注的焦点所在，重点展示出来自然也就不缺观众。

小米科技在做小米电视4的时候，独立音响是一个最新的卖点。小米电视设计人员从解码技术到音质效果，都做到了精益求精，体现了难得的工匠精神。在策划小米电视4产品发布活动时，小米科技做了一个非常详尽的产品站，几乎比国际上任何一个电视产品的网站都丰满和具体。用户被精美的传播图片所吸引，在访问小米电视4产品站的时候，会从各个角度找到吸引他们的产品功能和特点，会喜欢上小米电视4的独立音响。当用户阅读小米产品网站上的基础素材文章后，他们就会成为电视机行业专家，这一刻用户也会爱上小米电视4。

6.6.2　讲一个用户愿意分享的故事

人人都爱读故事，小孩子喜欢听，成年人也喜欢品味。当故事和活动运营相结合后，就会为企业所举办的活动赋予一种无与伦比的魅力，让活动更具亲和力和吸引力，最终在用户头脑中留下长久的印象。更为重要的是，活动的故事化还便于用户口口传播或者在社交媒体上进行分享，使企业活动能够以更快的速度进行分裂式传播，获得更大的影响力。

戴瑞珠宝为了便于消费者口口相传，就善于讲产品故事。比如戴瑞珠宝在讲述戒指的故事时，就着眼于"一生只送一个人"的爱情宣言，将自家戒指的编码和爱人的名字绑定，以此证明爱情的忠贞和久远——爱上一个人，就要有勇气和她一生绑定在一起。

这个故事尽管简单，却给人勇气和浪漫情怀，让人对爱情充满了幻想和期盼，又因其简单隽永，所以被消费者纷纷转述，成为年轻男人的首选定情之物。

（1）好故事必备三要素：简单，有情感，富有想象力。简单才利于传播。对用户而言，越简单的故事越方便转述传播。所以，企业在创造故事的时候，要尽可能地把故事简单化，方便消费者口口相传或者在社交平台上引用分享。只有这样，企业的故事才能如同病毒一样迅速地在消费者群体中分裂传播，引爆人气。

情感化，让每个人都感动。对企业而言，讲故事的动机在于用故事影响用户，引发用户的共鸣，最终提升活动在用户群体中的人气，吸引用户更积极地参与到活动中来。而要引发用户共鸣，故事就必须要有情感，因为人是情感性的动物，情感往往能够触动人们内心最柔软的一面。有情感的故事往往更容易引发用户共鸣，获得用户的认同。

想象力能够带领大家走进新世界。要想讲好一个故事，并且借助故事传播企业自己的品牌，树立产品和服务在消费者心目中的良好形象，想象力是不可或缺的要素。对故事而言，正是因为有了能够唤醒人们想象力的能力，才能在人的脑海中扎根，成功地提升企业品牌的人气，助力企业的爆品战略。

（2）掌握传播技巧。在企业活动运营过程中，用户所说的话总是比企业自身的叙述更能打动人心，也更具说服力。所以，如果企业能够通过用户传播他们和企业产品之间相关的各种故事，那么势必会吸引来更多的听众，更具真实感，推动更多的用户通过口口相传或在自媒体社交平台上进行分享。

那么，用户愿意传播的活动故事应该是怎样的呢？

用户在产品使用过程中发生的故事，一般是用户或其亲朋好友在具体使用企业产品时的经历，或者收到的意外惊喜的故事。

或者用户在认购企业产品、服务时发生的故事。如企业销售人员多收了用户的钱，但是并没有私吞掉，而是想方设法返还的故事。再如，企业员工耐心地向用户讲解产品功能、使用细节，和用户深入互动的故事。

（3）结合自身经历创造真实故事。一个品牌的诞生，一个产品的出现，肯定饱含了创造者的无数心血。企业和商家可以总结自身的创业故事，大力挖掘创业过程中的点点滴滴，便能让活动在用户眼中变得更加有魅力。企业可以把品牌和创始人的人格魅力完美地融入故事中，这样会让故事更具可读性，更有人情味和趣味性，更容易成为活动引爆的导火索。

（4）合作伙伴、职员及其家庭的故事。附加在产品上的故事，不仅仅限于企业的创立者或者产品的研发者，也可以汲取合作伙伴和职员身上的故事，比如他们坚决阻止不合格产品下生产线，为了保证产品质量日夜坚守在生产线上，或者严把原料质量关卡、全心全意做好服务，等等。这类内容只要好好挖掘，就能成功地融入品牌，吸引用户的关注，为活动积累起人气资源。

7

社群：增强连接性，完美地扩大活动影响力

社群为活动搭建了一个更大的舞台，当活动能够完美地和社群融合时，借助社群的精准属性和传播特质，活动的影响力必然会被无限放大，最终达到更大的效果。

7.1　构建社群流程

要想完美地利用社群放大活动的影响力，策划人员就要先构建社群。一个完整的社群，要定位好目标成员，要选好平台，组建好管理团队。

7.1.1　确定社群目标人群

构建社群的企业、商家或者个人需要明确的是，社群的目标人群是行业大咖还是普通员工？是财大气粗的大企业家还是刚开始创业的商业新人？是刚刚走进大学校门的大学生，还是在职场上辛勤耕耘了数年的白领？目标人群的定位要严格按照社群目标进行精准定位，寻找目标关联群体，杜绝广撒网式胡乱拉人进群。

一般而言，社群目标人群可以分为以下几种，如图 7-1 所示。

图7-1　社群目标人群具体分类

（1）教育需求人群。这类人群对教育的需求尤为强烈，希望进一步提升自身在学业抑或专业技能上的知识储备。

（2）职业提升人群。这类人群对实现自身职业价值极度渴望，希望能够通过更多的活动和经验交流快速地提升自己实现职业价值的能力。

（3）兴趣需求人群。这类人群对兴趣的追求非常强烈，对与兴趣相关的产品、服务等都比较关注。

（4）情感需求人群。这类人群对情感需求较为强烈，希望能够获得情感上的幸福和慰藉。

（5）健康需求人群。这类人群对健康较为重视，希望能够通过彼此间的学习和交流，提升身体素质，保持身体健康。

"三个爸爸"空气净化器的目标人群定位就非常精准。在确立了"让人人都能呼吸到健康空气"的目标之后，将目标人群定位于健康需求人群，重点锁定孕妇和儿童。虽然面对雾霾，每个人都担心会影响健康，但是对于孕妇和儿童而言，他们更为敏感，家人对此也更为关注。正是精准地定位了目标人群，所以"三个爸爸"在社群宣传上主要针对儿童和孕妇等弱势群体对雾霾等空气污染物不耐受这一特点，这是"三个爸爸"社群系列活动成功的关键所在。

7.1.2　选择社群平台

在当前互联网迅猛发展的大背景下，社群要扎根于适合自身的平台上才能茁壮地成长起来，基于社群的活动才会获得更大的影响力。当前比较主流并且适合社群运营的平台如图 7-2 所示。

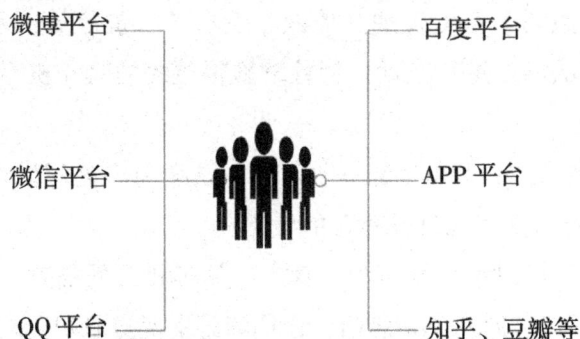

图7-2　各种社群平台

不同平台具有不同的优势，也有着不可避免的缺点，策划者选择社群平台时，要结合活动的属性、目标群体、社群类型等选择最契合的平台。

（1）微博平台。自2004年微博诞生以来，经过近20年的发展，现在已经成为国内最具人气的自媒体平台。因为微博具备公众社交化属性，具备自媒体功能，所以深得明星、企业家、媒体的喜爱，成为社会热点事件的策源地。微博官方还特别热衷捕捉草根用户的动态，把其中最有个性的推送至热门榜，因此微博在普通大众中也有很大的影响力，"随时随地发现新鲜事"成了大家登录微博的一种生活心态。

因为微博平台上汇聚了大量的明星、企业家及草根粉丝，如果社群的各项活动比较多、成员分布地域比较广，微博显然是最佳的建群平台。社群可以通过微博特有的转发功能，通过官方账号的活动发布、预告等，引领用户转发分享，推动活动进行裂变式传播，引爆整个互联网。

另外，微博的平台场景建设，主要侧重于粉丝、兴趣爱好，更为难得的是，微博不受地域的限制。社群通过信息交流互动，可以非常方便地推动自身各种产品和服务信息的分享及价值互动和增值，为自身构建生动丰富的场景。

建立在微博上的社群可以与用户进行形式多样的互动，除了最基础的转发外，在微博平台上需要做的还有很多，这些功能都必须灵活掌握，从而更好地服务于社群：

转发：在微博平台上发现其他网友发布的有价值的话题，一键转发，可以吸引更多的网友进行互动，为社群赢得更多的曝光机会，获得更多的粉丝关注。

话题讨论：社群可以设定一个话题，鼓励用户进行讨论，如"五一"假期旅游，发起"关爱留守儿童"的话题。

分享：社群可以每天发布和自身产品品牌相关的信息，诸如"某某品牌背后的故事""掌握几个小窍门，让你的卧室变身氧吧"之类的分享，给社群粉丝带来惊喜。

有奖转发：定期发布一些有奖转发活动，拨动粉丝兴奋的心弦，与粉丝分享最美妙的产品，并借助参与者的@功能，吸引新的粉丝加入社群（图7-3）。

图7-3 小米手机有奖转发

（2）微信平台。相对于微博的开放性，微信显得更加私密，在微信公众平台上发布的内容，只有关注的粉丝才能直接看到。另外，微博发布存在着字数上的限制，微信公众平台却可以发布篇幅较长的深度内容，所以微信平台相对于微博具有不同的传播模式和效率。

圈子类社群。微信上的好友多数是彼此认识的，甚至是身边的至亲好友。基于微信的这一特点，所以圈子类的社群最适合微信平台，比如教育培训类、兴趣爱好类的社群。一旦社群成员在朋友圈进行分享，那么圈子内的人就会在第一时间看到，并选择阅读、关注，成为社群的粉丝。

产品类。于微博侧重分享、交流和互动不同，微信侧重的是评测、解析，而产品在功能和操作上都需要深度的内容宣传解析，因此，微信平台更适合在内容上的深度挖掘。尤其是对那些产品丰富、更新迭代迅速的品牌来说，借助微信平台推出深度测评、解析之类的文章，能够快速直观地构建产品使用场景，让产品在消费者眼中变得更加丰满、更富魅力，如图7-4所示。

图7-4　微信平台上的企业社群

内容类。微信公众平台的自媒体属性，可以让内容类的社群随时随地发布内容。社群借助微信公众平台，可以独立地挖掘选题、独立编辑，生产出更具个性的内容。内容类社群主打"快速"和"个性"，微信平台也就成了非常好的传播渠道。

另外，服务类、餐饮类的社群也非常适合在微信平台上创建，比如江小白、秋叶PPT都依靠微信平台打造出了独具特色的社群场景和文化。基于微信平台创建的社群，通过场景的构建，还能为成员带来情感上的归属感，从而推动成员更加积极地传播社群信息。

（3）QQ平台。QQ平台尽管问世时间比较早，随着微博、微信的陆续诞生，使得QQ平台的用户数量逐渐减少，但是QQ平台依旧有着数量庞大的用户数量，再加上丰富的功能属性和跨平台操作的优势，QQ在年轻用户群体中依旧具有相当大的优势。腾讯2019年第二季度财报显示，QQ月活跃账号达到8.08亿，其用户数依旧庞大。

QQ平台最大的优势在于：它既可以点对点聊天，也就是好友和好友一对一聊天，还可点对多聊天，比如QQ群。另外，签到、群论坛、公告、相册、群直播等功能一应俱全，几乎能够满足所有场景的建设。QQ平台功能的全面性是微信和微博所不具备的，它在场景建设上超过了微信，在即时通信上比微博更强，更有效率，所以非常适合话题讨论，活跃度非常高。

基于QQ平台的这种全面性功能，所以几乎所有的社群都能借助QQ平台进行运营。QQ平台所具有的高频次接触、不断丰富的功能属性，可以为社群带来丰富的风格属性，让社群更具个性魅力。培训类、分享类、知识类、娱乐消费类、垂直类、地域类、兴趣类等社群都可以依托QQ群建立，通过"分享群"功能，把社群分享给更多的好友。而且已经发展壮大的社群，签到、活跃等级、快捷群名片修改、管理员权限设置等使用的小功能，可以进一步促使社群形成"金字塔结构"，让社群的管理更加顺畅，社群内部的气氛更加和谐，生态体系更加完备，如图7-5所示。

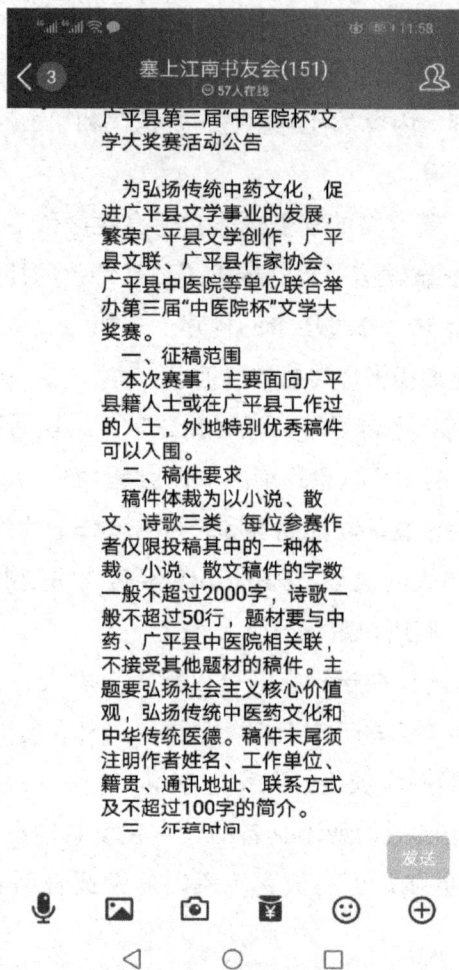

塞上江南书友会(151)
◎ 57人在线

广平县第三届"中医院杯"文学大奖赛活动公告

为弘扬传统中药文化，促进广平县文学事业的发展，繁荣广平县文学创作，广平县文联、广平县作家协会、广平县中医院等单位联合举办第三届"中医院杯"文学大奖赛。

一、征稿范围
本次赛事，主要面向广平县籍人士或在广平县工作过的人士，外地特别优秀稿件可以入围。

二、稿件要求
稿件体裁为以小说、散文、诗歌三类，每位参赛作者仅限投稿其中的一种体裁。小说、散文稿件的字数一般不超过2000字，诗歌一般不超过50行，题材要与中药、广平县中医院相关联，不接受其他题材的稿件。主题要弘扬社会主义核心价值观，弘扬传统中医药文化和中华传统医德。稿件末尾须注明作者姓名、工作单位、籍贯、通讯地址、联系方式及不超过100字的简介。

三、征稿时间

发送

图7-5　QQ群的线上活动

也就是说，不管何种类型的社群，都可以在 QQ 平台上建立，对一些初创社群，可以把 QQ 平台当作社群运营的主战场，依靠 QQ 平台丰富的功能属性构建丰富多彩的场景，这种优势是其他平台所不能提供的。对 QQ 平台功能的深度挖掘，构建更具个性的场景，可以让社群发展得更为顺畅，更快速地壮大起来。

（4）百度平台。百度平台包括百度贴吧、百度知道、百度经验等，其功能属性比较丰富，都能创造完整、统一的场景模式，为社群发展壮大提供良好的环境。

百度贴吧是百度最有社群基因的产品，近年来随着功能的不断完善，深受年轻人的喜爱，很多网络热词都在百度贴吧诞生。百度贴吧的特点是以兴趣为中心，不断衍生出各种兴趣小组，为各种兴趣爱好者的聚集提供了最便捷的方式，涵盖了社区、兴趣、地区、生活、教育、娱乐明星、游戏、体育、企业、产品和服务等多方面。百度贴吧的风格比较简单，论坛更具操作性，每个话题都能直接展现在成员眼前，互动也比较便捷迅速，所以受众群比较广泛。

以百度贴吧为平台建立的社群，其发展能否壮大，与吧主和整个吧务团队有着直接的关系，即社群小秘书、社群意见领袖、社群活跃分子，等等。所以在百度贴吧上建立的社群，要具备强大的话题和活动能力，吧务管理力度要大，这样才能保证整个社群始终处于一种高频次的活跃状态。

社群建立在百度平台上，还可以享受一个特权：百度搜索关键词排名靠前。在百度搜索框中搜索社群相关的关键词时，通常都会在首页中出现。所以在百度平台进行社群建设时，就应当灵活地运营百度旗下的各类产品，这样可以有效地提升社群和产品品牌的曝光率。

（5）APP平台。微博、QQ及百度平台诞生于移动互联网高速发展之前，其操作、编辑和发布对PC端的依赖性比较大，因而并非纯粹的移动互联网平台。对于部分专注于移动互联网端口的社群而言，频繁地跨平台操作无疑费时费力，这个时候不妨选择APP平台，操作将更加简便，运营也会取得更好的效果。

（6）知乎、豆瓣等。知识类社群比较适合APP平台，一个最典型的例子就是知乎，如图7-6所示。虽然知乎同样拥有PC端，但是APP操作起来更加便捷，界面设置更为简单。

图7-6　知乎APP首页

7.1.3　组建社群运营团队

公司要想管理得好，就要设置关键性的岗位，诸如首席执行官、部门主管、财务主管，等等。社群管理也是同样的道理，想要把社群管理得井井有条，就必须组建运营团队，设置关键岗位，以此打通社群运行的关键节点和"任督二脉"，确保社群能够良性运行下去。

对一个初建社群而言，要想良好地运营，需要设立三个岗位，如图 7-7 所示。

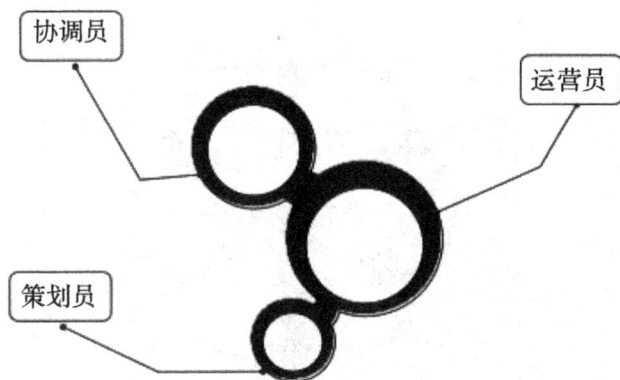

图7-7　社群运营团队岗位设置

（1）协调员。社群建立之后，最重要的任务主要有两个：一个是拉新，另一个是确认各个成员的身份，把社群彻底地稳定下来，如图7-8所示。

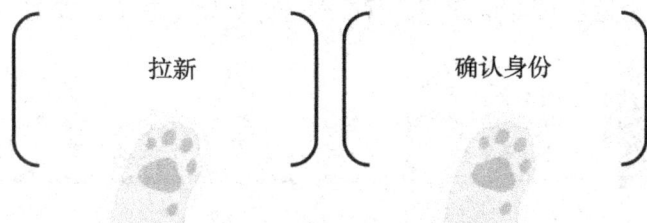

图7-8　初建社群任务

拉新和确认身份也是社群协调员的任务。协调员需要不断地为社群吸收新成员，并把这些新成员归类，协调好社群与成员，以及成员与成员之间的关系。

①拉新。社群协调员要协调好社群同外部的关系，通过包装社群产品、服务提升社群自身的品牌形象，不断地提升社群的吸引力，最大限度地吸引目标人群加入社群。

②确认身份。社群协调员还需要确认成员在社群中的身份，为他们贴上标签。按照成员在社群中的具体表现和活跃度，可以把成员分为六种身份，如图7-9所示。

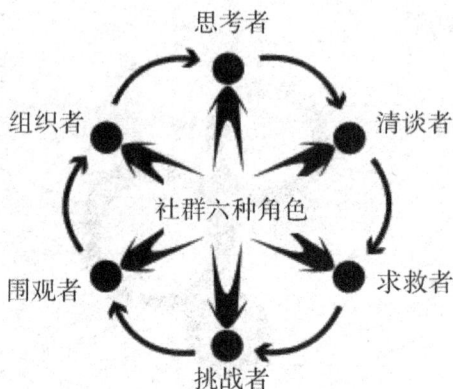

图7-9　社群成员的六种身份标签

（2）运营员。社群运营员的主要职责是维护社群的日常运营。一个社群建立后，需要不断地策划活动，与成员进行互动，活跃社群气氛，提升社群品牌含金量。具体而言，运营员的任务具体有三个，如图7-10所示。

图7-10　社群运营员的主要职责

①确定社群阶段性目标。对一个社群而言，除了要有建群目标，还要有一系列的阶段性的小目标，这些小目标是建群目标的分解，制定得好，就能够增强群成员实现建群目标的信息，最大限度地凝聚社群向心力。如有个社群的建群目标是健身减肥，那么小目标就是每周减去多少，每月减去多少，这些小目标都需要运营员根据社群成员时间状态制定。

②联系名人。社群在运营过程中由于某些需要可能需要请一些大V、意见领袖、社会名人来社群做活动，这时候就需要运营者代表社群同这些名人联络对接，约定好具体时间、活动步骤等事项。

③策划线下活动。社群运营离不开线下活动，社群运营人员要为线下

活动选择合适的地点，协调好参加活动的各类人员的日程，策划好活动的诸多环节、步骤，等等，保证活动能够顺利实施，获得预期的效果。

（3）策划员。一个社群要想获得强大的吸引力和生命力，内容是最重要的一环，内容做得好，就能吸引更多人的关注，促使社群不断地进行"新陈代谢"。更重要的是，持续的、高质量的有效内容输出，会为社群成员带来持持不断的价值，吸引社群成员沉淀下来，成为社群最忠诚的一分子。

社群策划员主要有三方面职责，如图 7-11 所示。

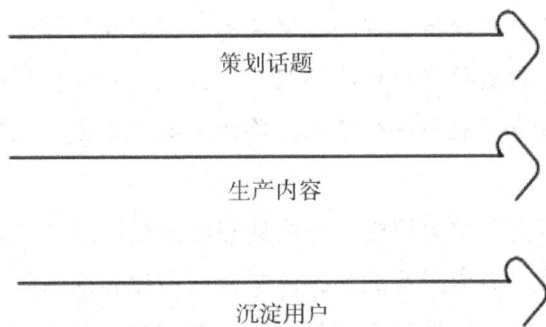

策划话题

生产内容

沉淀用户

图7-11 社群策划员的主要职责

①策划话题。社群内容策划人员需要结合社群定位来进行话题策划，提出最适合社群互动的话题，用话题引导社群成员开展讨论，产生更多的内容。

②生产内容。社群策划人员除了提出话题之外，还要针对社群成员的具体需求创作具体内容，供大家消费娱乐。内容必须要有价值，契合社群成员的具体需求。

③沉淀用户。社群内容策划人员的另一个重要作用是通过个性内容的创造沉淀用户，即通过个性内容的创作，为社群培养一批"铁粉"，让社群获得粉丝更大的支持。

7.2　提升社群门槛

社群，顾名思义就是同等的一群人聚集在一起。所谓"同等"，就是大家的价值观基本相同，至少在同一个阶梯上。其实这个道理很好理解，结婚讲究"门当户对"，结识朋友看重"趣味相同"，社群也是这个道理，要想保持足够的活跃度，保持良好的发展潜力，就要在平等的基础上保证群成员的质量，对入群成员进行相应的筛选。这就需要为社群设定一个入群门槛，用相应的标准对成员进行筛选，确保大家在素质、兴趣等方面具备"同等性"。

假如一个社群为了扩大规模，泛滥地吸收成员，就会在很大程度上拉低社群的整体价值。更为严重的是，原本社群中比较活跃的一些高质量成员，就有可能因为社群价值的降低而变得沉默起来，甚至退出社群。所以对一个社群而言，设置相应的入群门槛，对成员进行筛选，是非常重要的，是保证社群活跃度的基础。

7.2.1　付费制入群

"罗辑思维"罗振宇曾说："爱，就是供养；不爱，就是观望。"对社群而言，愿意付费入群的人，肯定是对社群定位、内容、文化认可的一批人。这些人加入社群以后，因为付出了金钱代价，所以对社群有爱，会珍惜社群提供的各个环节的互动机会。所以，社群可以根据自身发展定位和价值取向，设置一定的付费金额作为筛选成员的门槛，以此保证成员的总体质量，如图 7-12 所示。

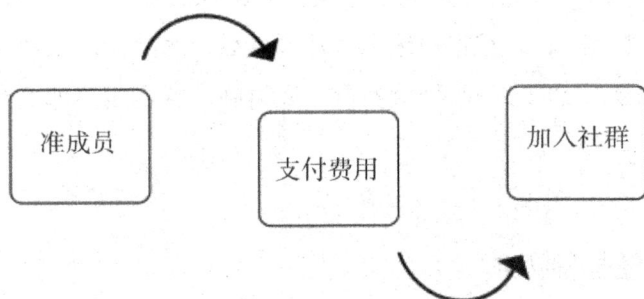

图7-12　付费入群流程

7.2.2　邀请制入群

如果社群由于自身定位和产品特点不便实行付费制，则可以实行邀请制，由现有的群成员邀请推荐新成员入群，邀请制入群流程如图 7-13所示。

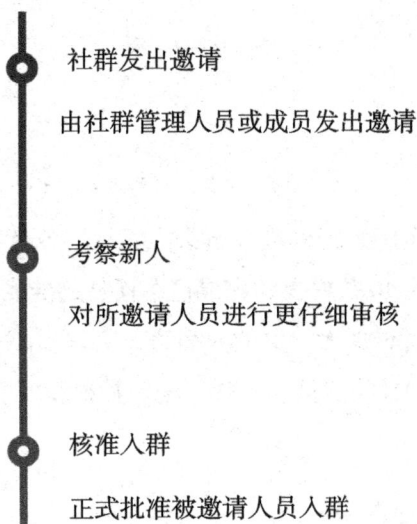

社群发出邀请

由社群管理人员或成员发出邀请

考察新人

对所邀请人员进行更仔细审核

核准入群

正式批准被邀请人员入群

图7-13　邀请制入群流程

邀请制主要有两个优点：首先，由现有成员推荐新人，由于推荐人对新成员比较了解，所以新成员一般都符合社群的定位，认同社群的文化及价值，能够大大节约社群筛选成本。其次，新成员加入社群之后，有之前推荐人这座"桥梁"，能够很快地融入社群生活，对社群的黏性和忠诚度也会比较大。如秋叶PPT的69群就实行了邀请制，群主邀请那些有才华的成员加入。

7.2.3 任务制入群

任务制入群，顾名思义，就是想加入社群的成员必须要完成一项或者多项任务才能加入社群。社群通过发布任务测试准成员对社群的认可度和忠诚度，以此作为筛选成员的门槛。任务制社群入群流程如图7-14所示。

图7-14　任务制社群入群流程

如社群可以规定想入群的准成员必须将社群或者社群的宣传软文分享到朋友圈，或者转发给10位好友，完成这个任务的准成员才会被社群认可，成为社群中的一员。对想加入社群的人而言，必须贡献一分力量，如果不想贡献，那么便不能成为社群成员，这样一来，社群就实现了成员筛选。

7.2.4 阶梯制入群

在为社群设置入群门槛时，还可以考虑把社群设置成阶梯社群，由初级社群到中级社群再到高级社群，入群难度依次递升，如图7-15所示。

图7-15　阶梯制社群形态

初级社群任何人都可以加入，但是要想更进一步，成为中级社群成员，初级社群的成员就要做出相应的贡献，满足一定的条件，如完成某项任务、做出某种贡献。中级社群成员要想成为高级社群成员，就需要具备某些能力、人脉和资源等。这样一来，整个社群就会成为一种金字塔架构，可以高效地对成员进行筛选，也方便管理和激发成员的潜力。

7.3　策划高互动的社群活动

社群活动互动性是高还是低，将会直接决定活动的最终效果，因为社群本身就是依靠粉丝关系实现价值转化的，互动性越高，价值转化效果也更好。因此，活动策划者必须善于提升社群活动的互动性。

7.3.1　引导粉丝参与

策划的社群活动要想具备高互动属性，就必须能强有力地聚合粉丝，而聚合粉丝，引导粉丝参与到活动策划中就成了重点。

要想引导粉丝参与活动，首先要提升活动的吸引力，而要做到这一点，活动策划者必须明确五个问题，如图 7-16 所示。

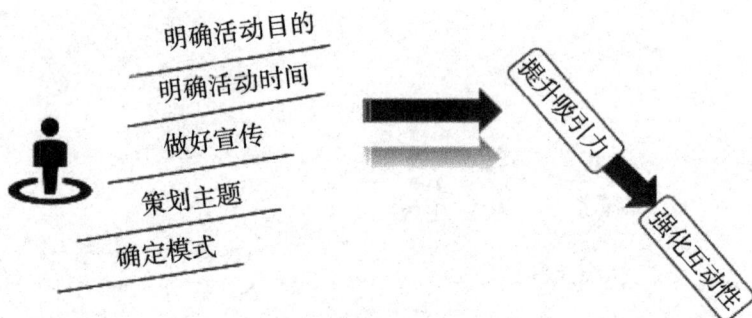

图7-16　提升社群活动吸引力需要解决的问题

（1）明确活动目的。要知道为什么要举办这样的活动，活动想达到什么样的效果。

（2）明确活动时间。活动在什么时间开展，什么时间结束，活动安排是否有时间计划表。

（3）做好宣传。社群活动能否吸引粉丝关注，与宣传效果关系极大，活动前一周为活动前期宣传期，是否需要足够宣传。

（4）策划主题。活动关键是调动用户参与互动，活动是否有话题性的主题。

（5）确定模式。活动采用线上模式还是线下模式。

明确以上五个问题后，作为社群活动策划者还要做到三点，如图 7-17 所示。

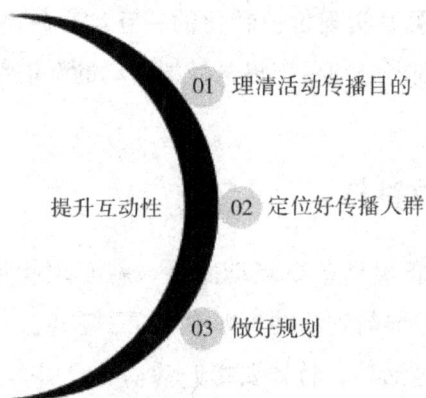

图7-17　提升社群活动互动性三要点

（1）理清活动传播目的。通过社群活动，想达到什么目的，只有理清了这一点，才能更有针对性地引导粉丝互动。

（2）定位好传播人群。明确社群活动的主要传播人群是哪些，才能做到"将正确的活动送到最有需求的粉丝眼前"，更易引导社群成员积极主动地分享转发，影响更多人。

（3）做好规划。活动策划者要将活动规划好，强化粉丝喜欢的，在何处创新，在什么环节抽奖，都要做好计划。

活动组织者要记住以粉丝需求为中心，从不同角度，以不同形式进行活动的定位。只有这样才能引起大家的兴趣。

知乎从 2013 年 3 月开始开放注册，之前的两年多时间里，知乎认真而低调地完成了开放注册所需要的基本工作：社区机制相对完善，社区氛围培养完整，种子用户及活跃用户无论数量还是质量都值得称赞，同时沉淀下来了一批质量很高的问题和答案。

开放注册后，越来越多的身份背景各异的人加入知乎，知乎又适时地通过推出 Android 用户端、知乎日报用户端和出版电子书等扩大自己的影响力，并举办线下盐 CLUB 沙龙，推选吉祥物，通过丰富的活动不断和用户进行互动。

如果我们简单地把知乎的用户分为内容的创作者（专业人士、事件当事人等）和内容的用户（兴趣人群、学生等）两类，就会发现知乎在内测和开放注册阶段采用了不同的用户引入策略，在内测期引入内容创作者，在开放注册期引入内容的用户。在这样的引入策略下，拥有专业知识的早期种子用户形成了知乎独特的社区氛围，帮助知乎完善了产品机制，沉淀了优质的答案，有了这样的基础，开放注册阶段的用户会自觉地遵循社区原有的规则，有序地创作内容和消费内容。

知乎官方为了形成认真和专业的社区氛围，也进行了多方面的努力，除了提供匿名、举报、反对、帮助、折叠、禁言、封号等一系列管理功能外，还规定了语言表述、符号和格式等书面表达的细节，并提供了公共编辑功能，鼓励用户和官方一起为维护社区氛围而努力。

7.3.2　新奇创意

对社群活动策划者而言，要想提升活动的互动性，创意是必不可少的重要因素。做好了创意，给予用户新奇感受，那么大家自然更乐于参与到活动中，更积极地互动。因此，高互动性的社群活动大都有着新奇创意的加持。

社群活动策划者如何才能做出创意呢？具体而言，可以从"四感"入手，挖掘活动创意，如图 7-18 所示。

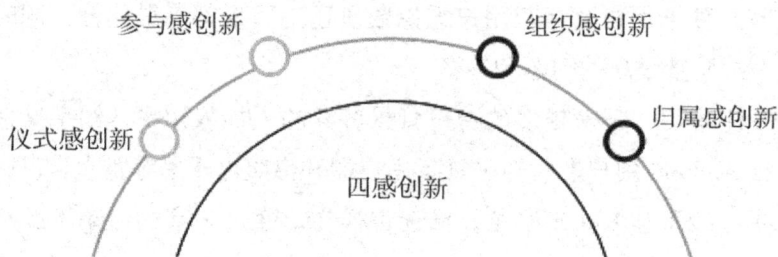

参与感创新　　　　　　组织感创新

仪式感创新　　　　　　　　归属感创新

四感创新

图7-18　四感创新要点

（1）仪式感创新。富有创意的仪式能够鲜明地向用户传递精神符号和情感印记，能够在人们心中留下强烈而又深刻的烙印。因此，社群活动策划者在仪式感上的创新，能够达到意想不到的互动效果。如向每个参加活动的成员发放个人编号、授予荣誉称号，等等，都能有效地刺激成员互动的积极性。

（2）参与感创新。活动策划者要让用户真真切切、实实在在地参与活动，让他们融入社群。因此，社群活动参与感上的创新，更能提升用户的互动热情。活动策划者可以邀请用户组织活动仪式设计委员会，由用户自己设计各种活动仪式；面向用户征集活动表演节目，由用户组建活动奖项评委会，等等。

（3）组织感创新。在活动的具体组织形式上进行创新，摆脱传统的千篇一律的组织模式。如由用户而非社群管理者组建活动筹委会、提出活动主题，等等。

（4）归属感创新。没有归属感的社群活动是不能贴上"成功"标签的，有归属，用户才会更积极互动，因此活动策划者要不断地创新。如向积极参与活动的用户发放"劳模证"，给予奖励。

7.3.3 线上线下联动

为了提高大家参与活动的积极性，策划人员要增加社群活动的互动性，强化成员间的连接，定期举办线下活动就成为很好的选择。世界汽车销售第一人乔·吉拉德曾说："我卖的不是雪佛兰汽车，我卖的是我自己。"线上线下互动，完美融合，活动才会给予用户无与伦比的体验感，让用户更加信任社群，更乐于参与和分享活动。

社群活动主要由线上和线下两种模式组成。线上活动主要依托论坛、贴吧、QQ和微信等，而线下活动包括见面会、分享会和主题活动。不管是线上模式还是线下模式，只有联动才能获得较好的效果，才能更好地拉近双方的关系，同时迅速地建立起双方的信任。

吴晓波频道是目前运营较为出色的社群平台，如图 7-19 所示。依托财经作家吴晓波诞生的社群，不到一年时间，微信公众号平台粉丝就达到了100 万人。随后，这些粉丝不断地形成全新的社群，又逐渐演化出众多兴趣小组，爆发出了非常强大的生命力。

谈到为什么社群经营得如此成功时，吴晓波指出："每年社群粉丝都会举办 300 多场线下活动。不同地域和不同兴趣主题，让每个群组都有了一个标签，这些人组合在一起，用互联网的玩法做各种事情，完全是互联网共享经济开花结果的一种形态。"

图7-19　吴晓波频道官微

7.3.4　保持开放利他的社群属性

要想提升社群活动的主动性，在策划活动时就需要保持开放利他的社群属性，吸引用户的参与，给予用户利益。

（1）遵循社群活动的"三众"原则。所谓"三众"，如图 7-20 所示。

①众智。众智就是融合众人智慧，引导用户为活动出谋划策。如活动策划者想策划一期线下美食培训活动，就可以通过公开招募的形式吸引粉丝献计献策，对其中有创意、有爆点的建议给予奖励。这样一来，社群活动策划者在掀起思想风暴的同时，也大大提升了社群活动的互动性。

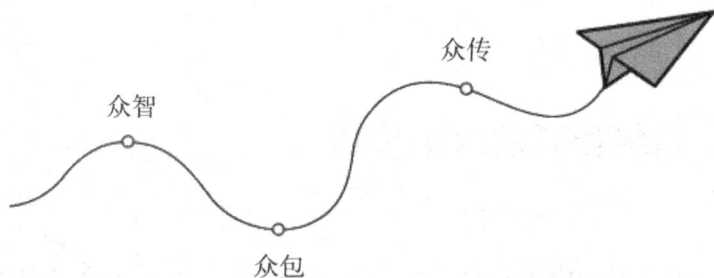

图7-20 社群开放性"三众"原则

②众包。众包就是把原本属于社群运营人员的任务，在自愿的基础上外包给社群里的用户，让用户从原本的"旁观者"变身为"组织者"，参与社群活动的具体策划。这样一来，不仅会大大提升活动的互动性，而且还有利于活动各个环节更具用户思维，用户对活动产生情感共鸣的概率也会大大提升。

③众传。社群活动策划者要善于推动用户进行口碑传播，在活动策划时设置刺激用户分享转发的爆点。如在活动中设置启动仪式，向用户发放邀请函、分享有礼，等等。这样才能充分放大社群的力量，推动活动信息裂变式传播。

（2）强化社群活动的利他性。社群活动为用户带来价值，就能满足用户的期望，用户互动的意愿就较强。因此，活动策划者要尽可能地给予用户利益，提升他们的期望。

①提供物质价值。向用户提供一定的物质奖励，诸如奖金、奖品等。

②提供精神价值。向用户提供知识、荣耀等方面的价值。

7.4 超级社群的四个技巧

打造超级社群，借助社群的活力和影响力扩大活动对用户的吸引力，是社群活动策划者需要掌握的技巧。

7.4.1 需求化

运营社群，最重要的就是要抓住种子用户的刚需，解决种子用户的"痒点"，急种子用户之所急，想种子用户之所想。做到了这一点，社群才能真正走进种子用户的内心，才会推动种子用户进行裂变，主动积极地同周围的人分享社群信息。很多社群尽管投入了大量的资源，但最后还是以失败而告终，最主要的原因就是没能抓住用户的真正需求，投入的资源都浪费在了满足用户的"伪需求"上。

（1）调研市场，找到用户的需求痛点。用户需求决定了市场风向，社群抓住了用户最迫切的需求，就意味着摸准了用户的脉搏，抢占了市场先机。那么，社群如何找到用户的需求痛点呢？这就要求活动策划者在制定社群活动计划之前，要调研市场，深入目标用户群体中进行详细的考察，通过问卷、面对面访谈、近距离观察等形式，总结出某些用户群体的需求痛点。

"崔浩有了"在餐饮行业创业的做法就很值得学习。首先崔浩建立了一个微信群，把自己身边的亲友拉入了群里，然后动员亲朋好友往群里拉人，一段时间后，崔浩的微信群便小有规模。有了人数基础后，崔浩便立即开始调研市场，力图找到用户的需求痛点，抓住用户最迫切的需求。有一次，他在群里对大家的餐饮需求进行调查，发现群里很多年轻人都反映这样一个问题：晚上 12 点后的外卖很难叫。崔浩很敏锐地意识到这里面有商机，通过深入调查了解，崔浩发现很多年轻人喜欢整夜泡在网吧里玩游戏，到了深夜自然饿，这个城市却鲜有凌晨送外卖的商家。

找到了需求痛点，崔浩便立即行动起来，主打外卖业务，实行 24 小时营业制，保证全天任何时段都能快速地把饭菜送到客户的手中。小饭店开张后，崔浩把业务在微信群里进行了宣传，立刻获得了群里年轻人的关注，仅仅几天的时候，他的外卖业务便有了爆发式增长，获得了巨大的成功。

（2）没有痛点也要挖掘痛点。很多时候，用户的需求痛点并不会显露出来，让我们一眼就能发现。这时候，很多社群活动策划者会迷茫，沮丧地认为自己的社群并没有什么需求痛点可以挖掘和利用。其实不然，很多时候，看似没有痛点，但只要我们进行深入挖掘，就会找到潜藏在用户心中的内在需求痛点。

那么，社群所要挖掘的痛点究竟是什么呢？简而言之，就是让用户实现某个目标时的最大阻碍。如美图秀秀出现之前，市场上大多数图像处理软件都专注于提高处理图像的性能，在这样的背景下，用户使用图像处理软件时最大的痛点是什么呢？稍微思考一下，这个痛点不可能是软件的性能，而是操作的"易用性"。所以对用户而言，"易用性"就是痛点，美图秀秀正是抓住了这一痛点，专注于提升自身的易用性，最终取得巨大成功，成为很多人处理图像时的第一选择。

另外一个成功的例子是小米路由器，它之所以成为用户青睐的产品，就是找到了用户心中隐藏的痛点。传统路由器用起来是比较复杂的，而且密码设置比较繁杂，设置起来让用户觉得十分笨拙。小米路由器设计人员通过调查发现，用户对路由器的要求就是上网快、安全，这一要求大部分路由器都是符合的，算不上什么痛点。设计人员在此基础上进行了深挖，借助百度搜索，发现人们搜索的和路由器相关的问题中以"如何设置路由器"的问题最多，于是挖出了用户普遍不会设置路由器这一痛点。小米路由器正是针对用户这一痛点设计的产品，以"傻瓜型"的操作方式极大地简化了用户设置的步骤，大大地提升了用户的体验满意度，使其成为用户的最爱。

7.4.2　品牌化

一个社群要想保持活跃性，吸收更多的新鲜血液，就需要在品牌化上做得更好，以此走得更远。因为一旦社群树立起自己的品牌，让社群的活动持续运营，在群成员中形成口碑，那么整个社群的吸引力就会明显地得到强化，对群成员的吸引力更强大，举办的系列活动自然也就能获得更高的拥护。

那么，对于一个社群而言，如何走上品牌化之路，并且越走越远呢？

（1）打造绝对的信任感。社群要想树立自己的品牌形象，一个最重要的前提就是获得群成员的绝对信任。因为任何一个品牌都是建立在受众信任的基础上的，缺少信任的品牌就犹如没有地基的楼阁，会在风雨中轰然倒塌。所以，社群品牌化的关键是树立自身信誉，信誉是社群品牌化的根基，在制定规则、规划活动时，社群要注意这一点，哪怕是社群成员的一个小小的疑问，都要尽全力解答。社群可以从产品、服务方面强化服务，通过提升社群成员的满意度来提升自身在群成员心中的信誉，如图 7-21 所示。

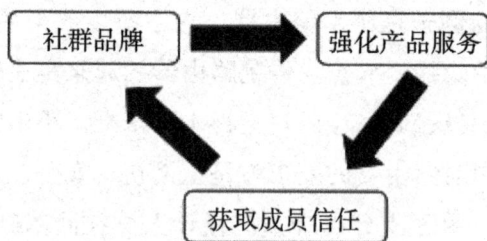

图7-21　社群品牌化以信任为基础

（2）简单化。社群的品牌化之路不能太过复杂，而是需要简单化，让群成员不用过多地思考就能理解。社群品牌的简单化可以从两个方面理解：一是社群规则要简单易懂，不能过于繁琐、束缚。如社群所举办的活动，要简单易操作，让群成员一听就明白，一操作就上手。如果社群举办的活动规则很多，限制很多，群成员参与的积极性就会大大降低；二是社群的语言要轻松，风格要活跃，让社群成员感觉到简单的自由，体验到发自内心的舒适（图7-22）。试想一下，这样的社群是不是会成为用户心中的港湾，在用户眼中树立起光辉的品牌形象呢？

图7-22 简单化细分

（3）价值出乎意料。社群品牌化，就是这个社群能够为群成员提供出乎意料的价值，即有增值服务。社群除了要有常规的内容和活动外，还要向成员提供一些可以提升社群品牌含金量的衍生产品——增值产品和服务。

增值服务其实就是人们常说的"福利"。很多人都玩过发红包的游戏，红包其实就是一种福利，同样也是社群的一种增值服务，但是这种增值服务只能归属于初级，并没有明显的差异化特征，因为任何社群都能发红包。如果社群经常搞一些初级的增值服务，很可能会产生一些负面效应。所以，社群要开发一些高附加值的增值服务强化自身的品牌形象，如产品跟踪、服务提升、线下聚会、经验交流，等等，如图7-23所示。

秋叶PPT对爱学习的群成员提供了两个福利：首先，群里有编号LS开头的人负责解答成员的问题，如果成员有问题，可以通过QQ小窗询问，形成一对一辅导；其次，每周五安排成员进行话题分享，鼓励大家在社群中分享自己学习的心得。除此以外，秋叶PPT还会定期地向群成员通报一些干货，比如京东有赠书券活动等。

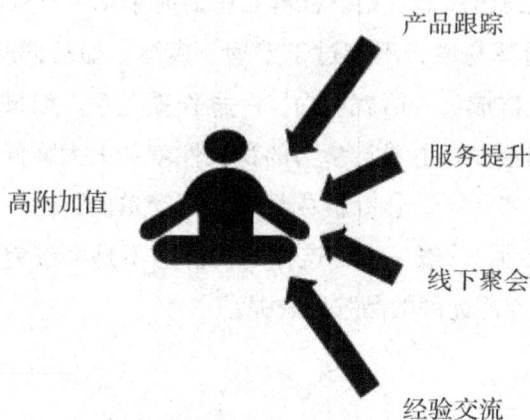

图7-23　高附加值社群表现

（4）专业化。一个企业要想创造出一个响当当的品牌，就必须有一个过硬的产品，用匠心精神不断地去打磨，让它变得更加专业、精致、可靠。其实，做社群品牌也是这个道理，社群只有对群成员"有用"，能够提供专业的产品和服务，社群成员才会认可这个社群，信任这个社群。时间久了，社群在成员内心自然也就有了重要的地位，有了公信力，社群品牌随之也就树立起来了。

"迎春心理"社群，除了每天面向社群成员普及心理学知识外，还会针对群成员所面对的具体心理问题就行解答，提供详细的应对技巧。比如针对一个成员"和孩子一起背诵"所存在的心理问题，群主迎春就给予了非常专业的分析，一针见血地指出了其心理问题产生的症结所在——没有稳住！父母稳住了，孩子自然就稳住了，孩子不好好背诵，家长先稳不住了，发脾气，那么孩子自然也着急起来，哭哭啼啼。正是因为群主迎春的专业心理知识，让"迎春心理"社群内的成员变得更加活跃，对社群也更信任，更认同"迎春心理"社群品牌。

7.4.3　娱乐化

现阶段，娱乐已经成为人们的一种生活态度、一种生活方式、一种精神上的需求。在这种日益娱乐化的社会大背景下，娱乐文化把娱乐、传媒、经济、文化凝集在了一起，几乎把每个人裹挟其中。可以说，娱乐正在成为这个社会的"第二种货币"，通过传媒渠道实现大众化流通。内容的娱乐化广泛地吸引大众的注意力，以其无所不在的影响逐渐渗透到人们的生活中，内容的娱乐化已经成了一种趋势和战略选择。

互联网时代，一个"糗事百科"就拥有超千万粉丝，而且曾经以严肃著称的电视综艺节目，不管是演员还是歌唱家，在和观众进行互动的时候，也改变了自己的风格，说起了段子，讲起了笑话，目的就是博得观众一笑。同样，社群要想和观众进行高效互动，营造活跃气氛，获得长久的生命力，就要放下曾经高高在上的内容风格，与群成员进行互动，了解他们的真实需求，满足他们的渴望，获得群成员的认可和信任。而和群成员进行互动沟通的最好方式，就是用亲和、娱乐的方式，渲染愉悦气氛。

（1）社群娱乐化从吐槽开始。随着"80后""90后"甚至"00后"的崛起，相对之前的人群，他们的阅读行为发生了转变。他们是伴随着互联网成长的"网生代"，他们喜欢上网，喜欢视频聊天，喜欢玩游戏，在网络聊天室和其他同样感兴趣的人讨论某场比赛的赛况，在微信群里讨论综艺节目，拿着手机在朋友圈和微博上分享春晚、世界杯抑或某档综艺节目的吐槽。在这种背景下，"吐槽文化"随即生根发芽，成为全民娱乐的一种体现。某些娱乐节目、影视作品、公众人物、市场预期等一旦满足不了大众的期待，吐槽便会成为大家一吐心头之恨的最好寄托。随着互联网的快速发展，吐槽已经从个人的情绪宣泄演化为一种全民娱乐表达方式，蔚然成风，成为一种网络文化。

在这种全面吐槽娱乐背景下，社群内容娱乐化不妨立足"吐槽文化"，针对群成员关注的问题进行吐槽，以此激发大家的参与感，营造社群的活跃氛围。社群可以从以下几个方面组织内容，进行吐槽。

首先，吐槽社会现象。所谓社会现象，可以是一些看似正常细思后却发现不正常之处的工作抑或经济现象、惯例等，也可以是当前社会热点事件背后的一些习俗或畸形心态。总之，当社会把内容聚焦在这些方面时，吐槽就带有明显的娱乐化倾向。

其次，吐槽生活百态。所谓生活百态，可以是生活中的一个事件，也可以是情感上的一次遭遇、顿悟。只要是生活中的所观所感，都可以吐槽。这些内容因为贴近群成员的生活，所以往往能够引起大家的共鸣。

（2）内容娱乐化要从"心"开始。对社群而言，内容娱乐化不是人娱，而是心娱。社群的内容娱乐化要从"心"开始。很多社群为了娱乐，在内容上倾向于庸俗化，讲黄段子，虽然能够让人暂时一笑，从长远的发展上看，却把社群引入了歧途。而"心"的娱乐才是真正的娱乐，也是社群成员普遍乐于接受的娱乐。一个社群内容上的娱乐化要从"娱心"开始，不是生硬地制造一些"伪娱乐"，而是创造体验性的快乐感受，为群成员内心带来真正的愉悦感，而娱心的重点就在于为群成员创造内在的愉悦体验。

那么，社群如何创造发自内心的愉悦体验呢？其实从本质上而言，娱乐是一种花样不断翻新的生活方式或审美需求，社群内容要想愉悦心灵，就要不断地追求娱乐方式的更新甚至创新。对社群成员而言，新颖的内容是娱乐力量的源泉，也是制造群成员注意力的关键。具体而言，社群可以从四个方面对自身内容进行创新。

①还原娱乐化生活。社群内容娱乐化本质上就是对生活娱乐化的还原，在还原生活娱乐形态时，社群一定要找到其所承载的核心价值，找到娱乐的精神内核，不然很容易把生活娱乐庸俗化。

②创造体验性情感。社群内容要想营造出一种愉悦的体验感，就必须让群成员对社群内容生出同喜同悲的体验性情感认同。娱乐化的内容并非一定要让社群成员发笑，也有让人流泪的，最重要的是创造娱乐氛围下的情感满足。如江小白在社群营销时，就善于创造体验式情感满足。

③实现情景化错位。一个人有两种属性。即自然属性和社会属性。尤其是在社会属性面前，个人会变得更加矜持，会掩盖真实的本性。社群情景化错位就是促使人的社会属性倒位，强化自然属性，让人的本性自由地流露出来。

④瞬间创造价值。尽管谁都知道结果并不重要，但是瞬间产生的价值目标，将会深深吸引社群成员从关注结果到关注过程，而过程恰恰是娱乐化表现的空间。就相当于足球比赛，重要的是结果影响下的过程欣赏。

（3）打造"群红"，人人都是明星。社群时代，媒体的形态已经发生了极大的变化，更多形态的媒体开始出现，比如自媒体；更多形态的传播方式开始出现，比如口碑传播。互联网的快速发展让整个媒体生态变得更为扁平，人人都是传播链条上的一个点。在这种形态下，"人人都是明星"变成了可能。也就是说，对于一个社群而言，只要内容具备足够的吸引力，传播得足够广泛，那么群内的任何人都能成为"群红明星"。

社群打造"群红明星"，不妨多利用视频直播。正如扎克伯格所说："直播是目前最让我感到激动的事。就像你口袋里的一台电视摄像机一样，任何一个有手机的人都有向全世界做直播的能力。"新一代的社群成员已经不满足于局限在文字和图片中的内容，他们对娱乐性更强的直播和短视频表现出了更大兴趣。

当社群有了自己的亚文化后，这个社群才更具活力，更有娱乐性。所谓亚文化，顾名思义，就是社群内的一种原生态娱乐文化，其传达的一个主要途径就是表情包。社群一旦形成了亚文化，就要考虑做自己的专属表情包，因为有了表情包，大家想在社群内发言时，就会优先使用自己的表情。如果社群成员聊天互动时都在使用社群表情包，这种互动就不仅传播了社群的亚文化，而且自然而然地带有娱乐化效果，提升了社群的活跃度。

社群在制作表情包的时候，除了常规的成员表情图谱外，还可以把比较喜感的对话截图作为表情包，以此突出社群成员互动的娱乐色彩，在社群内营造欢乐氛围，提升社群整体活跃度。

7.4.4 战术化

利用社群扩大活动效果，除了要做好活动本身的各项环节之外，还可以通过一些战术进行优化、借力，从而最大限度地提升活动的吸引力和影响力。社群活动运营战术比较多，效果比较好的主要有两个——讲故事和借东风。

（1）讲个故事吸粉。人人都爱听故事，儿童自不必说，成年人对故事也青睐有加。当社群活动运营融入了故事元素后，就有了丰富的可读性，有了别样的文化蕴含。有故事的社群活动更容易让用户生出亲近感，并

"爱屋及乌"，对社群活动产生情感上的信任，从而实现用户由"爱故事"到"爱社群""爱企业"的转变。

①故事要简单。讲故事战术的主要目的在于利用故事的趣味性吸引用户，并不是说所讲述的故事越长，吸引力就越大。很多时候，一个简单的故事，只要情节上有魅力，情感细节上有吸引力，那么它的吸引力可能会更大。相反，长篇冗余的故事往往会让人失去继续看下去的兴趣，不仅达不到最初设定的营销目的，反而会造成某种负面效果，弱化社群活动的营销作用。

②真实才更动人。要想最大限度地吸引用户的关注，提升人气，那么这个故事必须是真实的。因为真实的故事源自真实的社会，能够引发粉丝的共鸣，充分调动粉丝的情感因子，给粉丝留下终生难忘的印象。社群可以讲述一些用户身上发生过的趣味性故事，比如某一小有名气的商业用户就在社群中，可以邀请这位用户讲述一下自己的创业故事，等等。这些和社群用户息息相关的真实故事接地气，用户爱听，能够极大地提升社群的活跃性，快速地聚集人气。

（2）借别人家的东风。这种战术的主要目的在于"借力"，搭乘别人的顺风车，提升自身的人气和影响力。社群可以借助一系列社会热点事件聚集人气，提升自身活动的曝光度，获得更多潜在用户的关注。

①选择的社会事件必须"重要"，且和社群本身定位和活动目的有某种关联。要想借助社会事件提升社群或活动的知名度，在选取事件时就必须有所侧重。一般而言，事件越重要，越为人所知，就越拥有被利用的价值。那么，怎么判断事件内容重要与否呢？具体标准主要看该事件对社会产生影响的程度，影响到的人越多造成的社会冲击力越大，那么它就越重要，对社群的传播价值就越大。另外，所选取的事件还必须和社群定位或者将要进行的活动有所关联，这样才能借得"东风"，吸引更多用户的关注。

②事件还需配上创意。要想借助事件来提升社群的影响力，就不能生搬硬套，不然生硬地和事件"拉关系"，不仅不会提升自身的知名度，还可能会产生"画蛇添足"的效果，让用户觉得不自然，甚至心生厌恶。也就是说，社群需要把创意和发生的大事件捆绑在一起，让用户觉得自然、不做作，如此才能顺利地搭上大事件的快车，提升自身的知名度。

8 聚焦：新媒体让活动无边无际

在互联网技术迅猛发展的大背景下，各种新媒体如雨后春笋般涌现，成为人们生活中不可或缺的部分。当活动搭上新媒体的便车后，可以克服时间和空间上的阻碍，释放出更大的影响力。

8.1 团购活动策划

正所谓"销量治百病，大单解千愁"，团购一直以来被很多企业视为快速提升销量的网络营销利器。团购活动看似简单，但是要想取得预期效果，就需要策划人员掌握一定的方法和技巧。

8.1.1 团购活动特点

团购活动之所以被企业和消费者喜欢，与其五个方面的特点有很大关系，如图 8-1 所示。

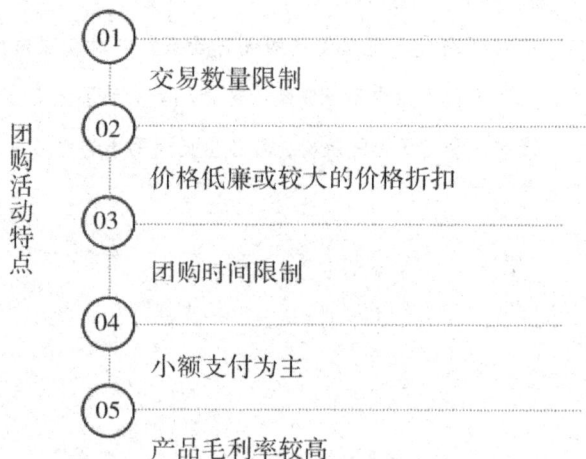

团购活动特点

01 .... 交易数量限制

02 .... 价格低廉或较大的价格折扣

03 .... 团购时间限制

04 .... 小额支付为主

05 .... 产品毛利率较高

图8-1 团购活动特点

（1）交易数量限制。从本质上看，团购是卖方以增加产品单次销售数量开展的"薄利多销"活动，为了实现这一目标，卖方通常会限制单个消费者抑或团体的购买数量必须达到一个最低限制，才能享受到相应的价格折扣。

（2）价格低廉或较大的价格折扣。消费者之所以青睐团购活动，主要就是因为能够以更大的优惠价格拿下产品。

（3）团购时间限制。为了提升消费者参与团购活动的紧迫感，团购都会设置一定的时间限制，如 24 小时内、一周之内，等等，一旦超过时间期限，团购活动就会终止。

（4）小额支付为主。一般而言，消费者在团购中所支付的金额比较小，属于"花小钱办大事"。但是随着社会经济的快速发展，越来越多的大宗商品，诸如汽车、房屋等，也开始进入团购市场，使得单笔团购交易额有逐步上升的势头。

（5）产品毛利率较高。因为团购产品在价格上比较低，这就要求产品或服务项目具有较低的边际生产成本或较高的毛利水平。

8.1.2 团购活动策划方法

如何才能策划好一项团购活动呢？答案很简单，只需掌握四个方法即可，如图 8-2 所示。

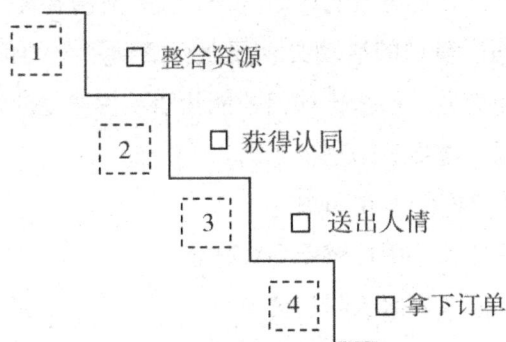

图8-2 做好团购的四个方法

（1）整合资源。策划团购活动的第一步就是利用一切的可能性整合各种能够利用的社会关系资源，从而建立起强大的客户群体，具体方法如图8-3所示。

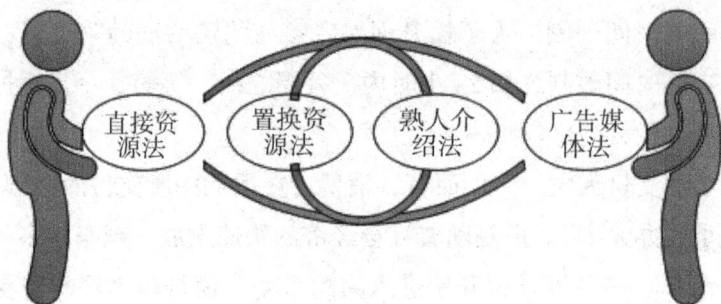

图8-3　整合资源的四个方法

①直接资源法。活动策划者可以利用自身现有资源，如亲戚关系、师长关系、朋友关系、同学关系、战友关系等整合资源。

②置换资源法。与其他人或者企业置换资源，在各自的客户群体中推荐对方的产品和服务，实现双赢。

③熟人介绍法。给予熟人一定的利益，鼓励熟人介绍客户、分享产品和服务信息。

④广告媒体法。在经济实力允许的前提下，活动策划者可以利用电视、报纸报刊、网络平台等发布团购活动广告，吸引有潜在需求的客户。

（2）获得认同。策划的活动必须要获得活动用户的信任，因为没有信任就不会有关注和交易。那么，如何才能让活动快速地获得用户的信任呢？要想解答这个问题，需要遵循三个法则。

①给用户留下良好的外在印象。

②给予优质服务，让用户感受到优越感。

③对用户的价值观表达认同和赞美。

（3）送出人情。策划活动时，要让用户觉得自己占了便宜，欠下了人情，这样，用户就会找机会回报，参与和宣传活动的积极性就会高很多。

①小恩小惠不断。如送一些小礼品，适当地给予一定的优惠。

②善于打感情牌，能够在用户心里留下深刻的印象。

③把用户视为朋友，以真诚友谊促进活动的商业开展。

（4）拿下订单。拿下订单是团购策划活动的最终目的，那么，如何快速拿下订单呢？

①对目标用户群体进行充分的分析。

②满足目标用户群体的需求。

③能力范围内给予最大让利。

8.1.3　团购活动文案描述的三个方法

要想做好团购活动，写好文案是一项重要环节，可以让用户对团购活动有正面的认知，充满期待，参与的积极性更高。那么，如何写好团购活动的文案呢？我们可以从三个方面入手，如图8-4所示。

图8-4　团购活动文案描述的三个方法

（1）让用户感觉占了大便宜。团购的一个特点就是能够让用户享受到更高的折扣，以最低的价格购买到产品。因此在策划文案时，我们应当首选迎合用户的这种期望，让用户觉得自己参加活动的时候能够占大便宜。

①品质描述要走心。文案中描述产品的文字要有吸引力，要能在用户心中留下"产品品质绝对好"的印象。

②通过横向抑或纵向对比的方式，让用户真切地感受到产品价格上的实惠，为产品贴上"质优价低"的标签。

（2）感官占领。要想让团购活动吸引人，文案就要在感官上刺激用户。要知道，人类几乎所有的体验感受都来源于感官，如耳朵、鼻子、眼睛等，所以团购文案要充分地调动用户的感官，描述他们眼睛、鼻子、耳朵、舌头、身体的直接感受。

①眼睛。用户看到的产品是什么样的，如策划一项酸奶团购活动，文案中简单地以"浓稠"来描述是远远不够的，可以改为"这款酸奶如同草莓色的冰激凌，只能用勺子挖着吃"。

②鼻子。用户能够闻到什么味道。比如策划一项香薰蜡烛团购活动，就可以这样描述："茉莉花香中混合着青草的气息，令人陶醉。"

③耳朵。用户能够在文案中听到什么声音。如策划一项音响产品团购，我们可以这样描述："让你打开它的时候，就能听到大自然的呼唤声。"

④舌头。用户能够从文案中品尝到什么味道。如策划一项蛋糕团购活动，我们可以这样描述："鲜滑纯美的奶油吸吮着你的舌尖，混合着松软的糕点在口腔中跳跃。"

⑤身体。用户能从文案中感受到什么，触摸到什么。如策划一项躺椅团购活动，我们可以这样描述："当你躺在这款躺椅上时，你会感受到久违的凉爽，就像田野的风在轻轻抚摸。"

（3）以用户视角描述产品体验。这能够强化用户的代入感，提升用户对产品的亲切感，从而更容易感染用户，提升用户对产品的信任度。

①产品到底能带来什么价值，为生活和工作带来什么便利性。

②产品使用心得、经验。

8.2 微博活动策划

微博是新媒体中影响力最强的平台之一，聚集了各个行业的精英、名人。因此做好微博活动策划，保证微博活动获得最大影响力，对企业和商家具有非常重大的意义。

8.2.1 微博活动特点

微博活动具有五个方面的特点，如图 8-5 所示。

图8-5 微博活动的五个特点

（1）成本低廉。微博活动的门槛较低，前期投入少，后期维护成本低，因而总体成本要远远小于线下活动成本。

（2）覆盖广。微信活动信息可以在各种平台上传播，如手机、电脑及其他传统媒体等。另外，微博活动信息的传播方式很丰富，转发起来非常方便。另外，如果能够和名人、大 V 等互动，还能极大地覆盖人群。

（3）针对性强。微博活动针对的主要是活跃在微博上的社会主流群体，如公司白领、公务员、各个行业的精英名人，等等，针对性较强，活动效果较好。

（4）多样化，人性化。微博活动可以利用文字、图片、视屏等多种载体向用户传递信息，让用户觉得更亲切、更有趣。

（5）传播迅速。微博能够利用"转发"功能分裂式地快速传播活动信息，特别是当活动触发微博引爆点后，短时间内就会被转发到微博世界，成为大家关注的"网红"，从而几何级地提升活动的影响力。

8.2.2 微博活动策划方法

策划微博活动，我们可以从七个方面入手，如图8-6所示。

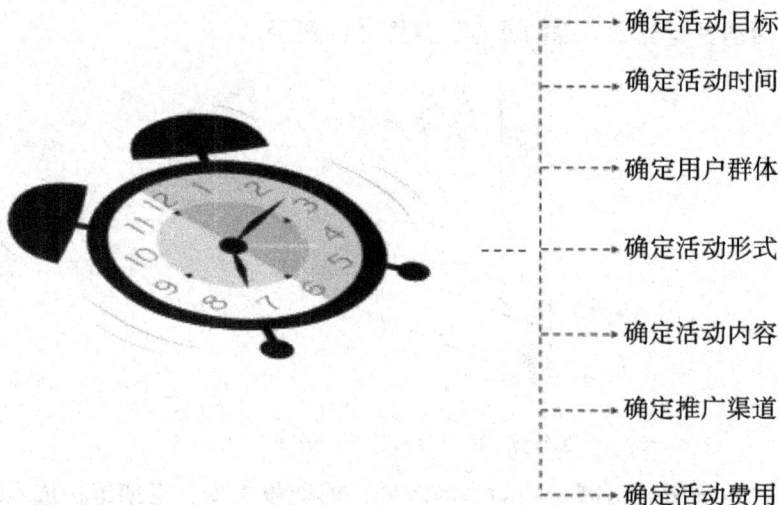

确定活动目标

确定活动时间

确定用户群体

确定活动形式

确定活动内容

确定推广渠道

确定活动费用

图8-6 策划微博活动应考虑的七个方面

（1）确定活动目标。企业或商家举办微博活动的目标是什么？一般而言，微博活动的目标不外乎四点。

①粉丝互动，引流。

②宣传推广产品或服务信息。

③营销企业品牌，打造口碑。

④用户变现。

（2）确定活动时间。微博活动的筹备时间要多久，在什么时间开展，在什么时间截止，策划人员需要根据企业实际情况确定。

（3）确定用户群体。策划人员要搞清楚微博活动的目标人群是什么，如是女性群体还是男性群体，是上班白领还是学生，等等。

（4）确定活动形式。微博的形式较多，如投票活动、抽奖活动、H5病毒式互动、用户拉新、有奖调研、用户访谈、口令红包等。活动策划者要根据活动目标和产品特点灵活选择活动形式。

（5）确定活动内容。活动具体的内容是什么？如何吸引用户关注和转发？策划人员需要根据产品特点确定。

（6）确定推广渠道。可以利用微博公众号、朋友圈等推广活动，还可以利用其他新媒体平台，如今日头条、一点资讯、社群、QQ群等。

（7）确定活动费用。活动费用要尽可能详细，具体包括奖品费用、广告费用、运营费用等。

8.2.3　微博活动文案写作方法

微博活动文案的最大目的在于吸引用户阅读并转发，从而制造病毒式传播效果，最大限度地扩大活动的影响力。那么，如何撰写文案才能快速顺畅地实现这一目的呢？

（1）简单而富有创意。微博文案不宜太长，要简单并且能彰显创意，展示新和奇，才能在第一时间抓住用户的眼球，并推动用户转发分享。

如小米手机发布的一篇"我们聊聊天"的活动文案，简单中就富有创意——简单的三句话，却采用了网络语言，调皮中亲切感十足，吸引了众多米粉参与和转发，达到了良好的产品推广效果，如图8-7所示。

图8-7 小米手机活动文案

（2）热点结合。热点再热，如果和我们想宣传的品牌没有任何联系，也没有价值。微博活动文案借势热点的目的在于为活动或品牌造势，吸引引流，扩大活动的影响力。

①借势的热点要积极。热点要富有正能量，而非负面的。

②找到品牌和热点的契合点。

支付宝在改革开放40周年之际，举办了转发抽奖活动，在庆祝改革开放40周年的同时也庆祝自己的14岁生日。这一活动巧妙地把改革开放40周年和支付宝14岁生日连接在一起，在用户群体中引发了强烈关注，短时间内被转发了 3.5 万次，如图 8-8 所示。

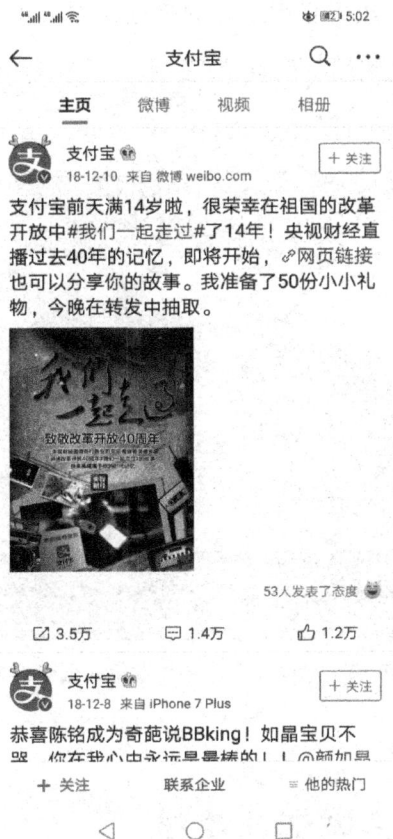

图8-8　支付宝活动文案

（3）在图片中植入创意。在现在这个读图时代，富有创意的图片文案绝对是大家关注的焦点。特别是在微博上，一张富有创意的图片文案，会被大家无限次转发，成为"网红"。

①配图并不等于产品展示。图片展示的对象并非只有产品，还需要把品牌的态度展示出来。

②图片要有娱乐精神。越是能为大家带来快乐的图片，越能快速地占领大家心智，继而被快速地转发分享。

可口可乐在 2019 年到来之际，在微博上举办了跨年系列活动。活动文

案中的图片就非常有创意，一句"跨年，原来是个技术活"，将跨年精神和
场景完美地演绎出米，成了吸引粉丝的焦点，如图 8-9 所示。

图8-9　可口可乐跨年文案中的创意图片

8.3　微信朋友圈活动策划

微信朋友圈已经成为人们生活中密不可分的一部分，微信朋友圈活动
做得好，能够收到意想不到的效果。

8.3.1　微信朋友圈活动特点

微信朋友圈活动特点如图 8-10 所示。

（1）成本低。相对于电视、报纸杂志、网络平台、线下等活动形式，
微信朋友圈活动成本更低，甚至接近零成本。

图8-10 微信朋友圈活动特点

①微信具有天然的互动属性。微信作为一款大众社交软件，本身就具备天然的互动属性，而互动则是活动的基础，是营销成功的根本所在。活动策划者利用微信朋友圈开展各种互动，能够快速地拉近彼此间的距离。

②成本低廉。活动策划者在微信朋友圈开展活动的成本非常低。如在朋友圈开展纯粹的线上小活动，推出一些打折抢购活动，可以和大家实现零成本互动。

"甜蜜的小葡萄"就经常在微信朋友圈开展各种小活动，一是为了推销产品，增加和朋友圈中众人的互动；二是从成本角度考虑，因为在微信朋友圈开展各种小活动，只要动动手指头，就可以把活动信息精准地推送到大家眼前，比传统的传单既节省成本，效果又好。

（2）被信任度高。微信朋友圈的一大优势是圈子内的人彼此之间存在着一种天然的信任关系。因为在微信朋友圈具有私密性的特点，大家都是"熟人"关系，诸如亲友、同事、同学等。这种"熟人"关系就是信任的基石，在微信朋友圈中做活动很容易获得大家的认同和分享。

（3）用户精准。由于微信朋友圈活动的对象是"熟人"，且活动信息到达率非常高，用户只要登录微信打开朋友圈就能看到活动信息。也就是说，活动策划方利用微信朋友圈做活动，相对于其他途径，更加精准。

（4）易于分裂传播。微信朋友圈虽然有人数上限，但并不意味着其营销力度小，活动意义不大。从本质上看，微信朋友圈活动借助的是连环人际模式，依靠良好的人际关系推动大家主动进行"信任背书"。如此，活动信息必然在一个又一个圈子中迅速扩散。

8.3.2 微信朋友圈活动类型

要想做好微信朋友圈活动，首要的前提就是根据自身和产品的特点，选择最适合的活动类型。一般而言，六种类型的活动在微信朋友圈中较受欢迎，如图 8-11 所示。

图8-11 微信朋友圈活动类型

（1）投票活动。在朋友圈发起有意义却带有一定争议性的话题，邀请大家进行投票。

（2）产品分享活动。活动策划者设置一定的奖品诱导微信好友分享产品相关信息和体验心得。

（3）优惠活动。在微信朋友圈开展的优惠活动在力度上必须足够吸引人，才能获得关注。

（4）转发活动。引导微信好友转发活动内容，推动活动信息在一个个圈子内传播。

（5）扫二维码活动。通过发放红包、福利等方式吸引微信好友扫描二维码，关注企业和产品信息。

8.3.3　微信朋友圈活动方法

要想在微信朋友圈做好活动，策划者可以结合自身产品属性和特点，灵活地选择以下方法。

（1）打造自明星。要想在微信朋友圈做好活动，让你的产品和服务为大家所熟知、认可，最好的方法就是把你自己打造成明星。要知道，微信朋友圈首先是一个交际的平台，过于露骨的营销活动很可能会引发大家的反感，而借助"明星效应"，则可以有效地避免这一雷区。

打造自明星方法有三种，如图8-12所示。

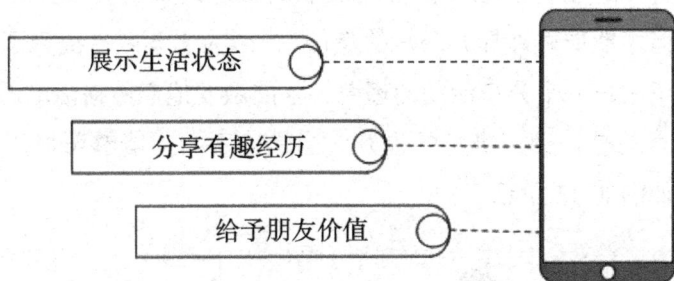

图8-12　微信朋友圈打造自明星方法

①展示生活状态。你的生活处于一种什么状态？每天都在做什么？从事什么行业？工作环境如何？当你把这些如同放电影一样展示在朋友圈中时，大家便会渐渐地记住你、关注你。

②分享有趣经历。把你经历的有趣的事、遇到的有趣的人分享到朋友圈，与大家同乐，成为大家的"开心果"。次数多了，你就会成为大家眼中

的明星。

③给予朋友价值。在这个信息爆炸的时代，人们往往只关心与自己有利益关系的人和事，因此，当你能够给予朋友某些利益时，你就会迅速成为他们关注的焦点。

（2）小游戏。小游戏也是和大家进行互动、获得大家关注的活动利器。随着社会越来越娱乐化，对企业和商家而言，利用微信朋友圈做好娱乐，特别是提供免费的娱乐，其实也就等于抓住了消费者的内心，聚集了人气，对提升自身产品和服务品牌有着巨大的帮助。企业和商家可以通过在微信朋友圈提供小游戏的方式吸引用户互动，使用户在娱乐的同时提升对产品和品牌的认知度。

8.3.4　微信朋友圈文案写作技巧

微信朋友圈活动文案写作主要有六个技巧。

（1）提升用户身份。创作微信朋友圈文案时，策划者首先需要思考的问题是"如何才能更好地提升用户的身份"，因为文案只有提升了用户的身份，才能给予用户一个分享活动的理由，才能激发他们传播活动的主动性。

需要注意的是，用户身份的提升应当是正面的，能够彰显出用户更高大的形象，如图 8-13 所示。

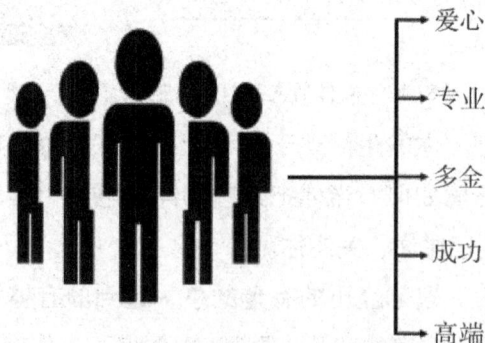

图8-13　提升用户身份的标签

（2）特征罗列。微信朋友圈文案要尽量罗列能给予用户的好处，具体而不堆砌，要营造一种场景感，一种用户向往的生活模式，不能泛泛而谈，假大空，否则很容易引发用户的反感，如图8-14所示。

图8-14　微信朋友圈文案特征罗列方法

（3）信任背书。邀请朋友圈中的权威在文案中现身说法，谈活动价值，分享活动体验，这样能够为文案贴上"权威"的标签，吸引大家关注和分享。

（4）分享有价值的内容。在微信朋友圈里发布的信息要想更快地引起大家的关注，首先就是分享的内容要有价值，这样才能持续地提升自身和用户间的关系黏性，拉近彼此情感上的距离。一篇好文案，要具备一些吸引用户关注的亮点，这样才能让自身显得与众不同，更容易引发大家深入阅读的兴趣，或者给用户带来愉悦，或者为用户奉献上专业性的"大餐"，或者让用户增加见识……总之，微信朋友圈中的信息要有分享的价值，这样才能让你的文案真正走进用户的内心。

（5）营造紧迫感。在文案中要尽量营造参加活动的紧迫感，如"名额有限""限时抢购""倒计时"，等等，这种紧迫感会让大家更重视活动，参与活动的积极性也会变得更加迫切。

8.4 微信公众号活动策划

与微信朋友圈相比，微信公众号具有更加强烈的商业色彩，有着更为完善的营销功能，更适合企业商家进行各种活动。所以很多企业，特别是中小型企业都非常重视微信公众号活动的策划，将其作为吸粉引流、塑造品牌和口碑的活动平台。

8.4.1 微信公众号的活动特点

微信公众号活动的特点主要有三，如图8-15所示。

图8-15 微信公众号活动特点

（1）点对点精准营销。借助微信天然的社交和位置定位等优势，微信公众号活动能够精准地推送信息，让每个人都有机会看到活动信息，最终实现活动的点对点精准营销。

（2）活动形式灵活多样。微信公众号上开展的活动，可以是图文形式、语音形式，也可以是视频形式。另外还可以结合微信自身功能，采用漂流瓶、二维码、位置签名等形式开展活动。

（3）强关系。微信公众号能够借助微信的点对点互动形式把原本普通的关系发展成为强关系，从而扩大活动的吸引力和影响力。微信公众号活动和用户之间的互动形式，如图 8-16 所示。

| 讲故事 | 抽奖 | 表情怀 | 征集创意 |

图8-16　微信公众号活动和用户之间的互动形式

8.4.2　微信公众号推广促销活动要素

通常而言，用户只会对自己感兴趣的企业和产品保持关注，换个角度看，也就意味着关注企业微信公众号的用户更易于参与活动。

微信公众号推广促销活动策划可以从六个方面入手，如图 8-17 所示。

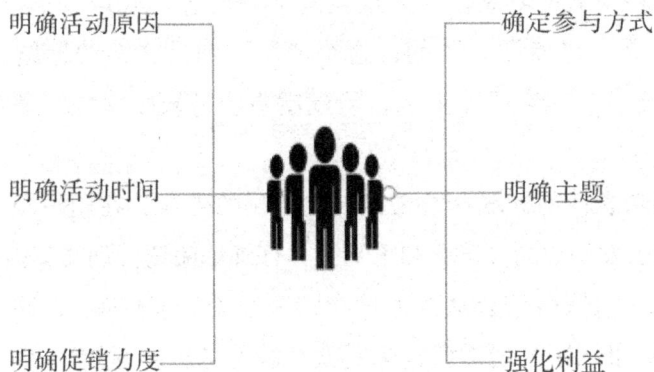

图8-17　微信公众号促销活动策划要点

（1）明确活动原因。活动因何开展？要把原因讲清楚，让活动"出师有名"，才能让用户更加信任。

（2）明确活动时间。什么时间开始，什么时间结束，什么时间折扣最低，要讲清楚。

（3）明确促销力度。参与促销的产品种类多还是少，促销力度多大，要重点强调。

（4）确定参与方式。用户如何参与活动，能够在活动中获得什么利益，需要明确。

（5）明确主题。活动的主题是什么，亮点在哪里，都需要主题来表现。

（6）强化利益。活动能够带给用户什么利益？是实实在在的物质奖励还是精神奖励，或者是生活模式上的升级？

8.4.3　微信公众号活动文案写作技巧

微信公众号活动文案写作重点在于写好标题和内容，这样用户自然对活动更有兴趣。

（1）好标题才能吸引用户阅读。在社交活动中，很多人都有这样的体会：人和人之间经常以貌取人，长相英俊的男生或者漂亮的女性通常会在第一时间获得对方的好感，成为众人关注的焦点。其实，粉丝对微信公众平台内容也是"以貌取人"的，这个"貌"则是文案的标题，文案标题有亮点，"英俊""漂亮"，那么，粉丝就更容易被吸引住，愿意继续阅读下去。

①充满悬念性的标题会给文案披上神秘的外衣，在用户眼中更有探索价值，继而引发用户的好奇心和求知欲，仔细地阅读活动文案内容。

如海底捞火锅微信公众号上发布的一篇《春节想带 TA 回家？你还差这个"甜蜜"助攻！》的文章，标题就充满了悬念，"甜蜜"助攻到底是什么？吸引用户点击阅读正文寻找答案，如图 8-18 所示。

②故事性标题。故事的魅力不仅仅局限于文章的内容，作为文章"脸面"的标题也可以利用人们喜爱故事的心理，勾起人们的好奇心和阅读

欲望。

图8-18　海底捞火锅官微悬念式标题文章

③情感性标题。人是情感性动物，每个人都会在生活和工作中接触情感，亲情、友情、爱情……总会有一种情感拨动人们的心弦，在心中留下难忘的瞬间。微信公众号活动文案标题不妨穿上情感的"糖衣"，在用户眼中自然更有魅力。

比如服装品牌"笕尚MJstyle"在微信公众号上发布的一篇《2019春夏新品，看一眼会沦陷》的文章，标题中的"沦陷"一词就很有情感渲染性，能够强烈刺激用户点击标题阅读正文，如图8-19所示。

④新闻式标题。新闻式文案标题往往自带权威和新奇属性，能够让用户"触摸"到之前所不了解的人和事，继而大大开拓自身的眼界，拓展自身知识储备的深度和广度。

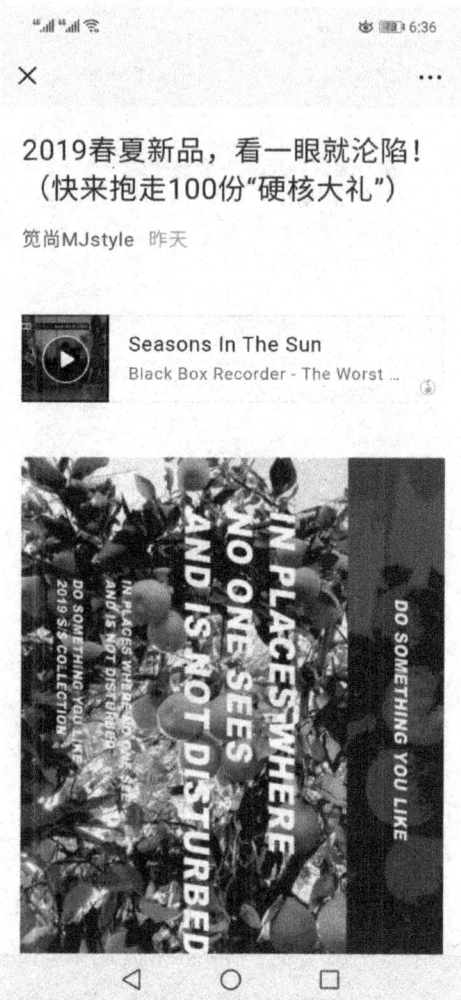

图8-19　笕尚MJstyle微信公众号上情感色彩强烈的文章标题

⑤热点式标题。所谓"热点"，就是一段时期内国内外发生的大事件，这些大事件有的涉及国家政策，影响政治、经济等方面，有的涉及名人动态，影响人们的生活。假如微信公众平台推送的文案标题能够蹭上"热点"，那么必定会极大地增强自身影响力，成为粉丝阅读的首选。

（2）内容为王。有道是"内容即营销"，特别是对微信公众号活动而言，文案内容的好坏将直接决定活动的最终效果。好的文案内容会牢牢吸附住用户眼球，激发用户的参与兴趣。

①内容要能娱心。在人们的阅读体验中，有趣的文章总是能够吸引眼球，让人内心舒畅，回味无穷。简而言之，每个人都喜欢读有趣的文章，假如微信公众平台能够让文案有趣，那么必定能增加文章的吸引力，让用户不仅自己喜欢读，而且还会分享到各个社交平台上，助力活动信息分裂传播。

②内容要有价值。文章内容除了要有趣味性和娱乐性外，还要有用，能够为用户带来实实在在的帮助。简而言之，要想让粉丝喜欢微信公众平台上的内容，文案内容必须要先具备相应的被利用价值。

③有个性。现代社会已经进入了一个彰显个性的阶段，有个性的人会获得更多崭露头角的机会，更快速地实现人生价值。对微信公众平台活动文案而言，这个道理同样也适用。当微信公众平台上的文章内容富有个性的时候，就更容易吸引粉丝的关注。

热风微信公众平台上的活动文案就很有个性，让用户看了后觉得"新奇""出彩"，继而对活动萌生了强烈的兴趣。如其推送的一篇名为《盘我！学院风单鞋年轻不止10岁》的文章，其内容就非常个性，小众，主要讲述学院风的美。这篇有个性的文章获得了用户们的热捧，点击量惊人，如图8-20所示。

图8-20 热风官微上的个性文案

8.5 短视频平台活动策划

如今，快手、火山、抖音、微视、西瓜一个又一个短视频软件出现在人们眼前，似乎预示着短视频时代的到来。事实也正是如此，短视频已经成为越来越多用户生活中不可或缺的一部分，各种品牌营销也随风而动，将盈利阵地转向火爆的短视频行业。有图、有真相的短视频，正在用一种更小巧、更轻松、更直观、更快捷的方式迅速吸引大众的注意力。

8.5.1 短视频平台活动价值

参与性强、制作门槛低、传播速度快的特点使短视频成为"90后""00后"的最爱，他们借助短视频表达个性、展现自我，且意愿非常强烈。在他们的推动下，短视频从最初单纯的"看我秀"逐步转变为新型资讯和社交载体。在这种背景下，短视频活动自然也就具有了广泛的用户基础，做得好，必然会产生可观的价值，如图 8-21 所示。

（1）经营年轻用户。短视频平台上活跃的用户以年轻人居多，当企业和商家通过短视频平台做活动时，就能和年轻用户产生更多的互动，扩大自身品牌在年轻用户群体中的影响力。

（2）提高品牌转化率。依靠巨大的用户基数，短视频平台活动能够覆盖主流消费群体，大幅缩短品牌到用户的转化路径，最终提高品牌营销效率，帮助企业和商家在单位时间内获得更高的收益。

（3）扩大品牌覆盖面。短视频平台活动能够同时在多个自媒体平台上投放，相互关联，相互促进，继而大大提高企业和商家品牌的知名度，吸引更多的人关注、购买产品。

短
视
频
平
台
活
动
价
值

01 经营年轻用户

02 提高品牌转化率

03 扩大品牌覆盖面

04 增加品牌互动性

图8-21 短视频平台活动价值

（4）增加品牌互动性。短视频平台活动能够更好地帮助企业和用户沟通互动，能够通过构建用户喜欢的场景帮助品牌打造更好的口碑。

8.5.2 短视频活动的平台

当前各种短视频平台可谓百花齐放，各自上演着不一样的风采。具体而言，以下几种短视频平台用户基数较大。

（1）抖音：一个迅速崛起的新流量池。如果有人问，当前最受欢迎的短视频平台是什么？可能大多数人首先想到的就是抖音。因为，抖音现在不仅是中国最受欢迎的短视频平台之一，而且在全球范围内也非常流行。

抖音是数据挖掘引擎公司"今日头条"推出的一款短视频社交平台，据美国调查公司 Sensor Tower 的数据显示，在 2018 年第一季度，抖音海外版 TikTok 成为全球下载量最大的 iPhone 应用，总计 4580 万，超过了Facebook、YouTube、Instagram。

（2）快手：草根用户的幸运之地。快手是一款由北京快手科技有限公司及其关联公司所有和运营的短视频平台，其前身"GIF 快手"创建于 2011 年 3 月，是用于制作和分享 GIF 图片的一款手机应用，2012 年 11 月从纯粹的应用工具转型为短视频社区，定位为记录和分享大家生活的平台，2014 年 11 月正式更名为"快手"。

（3）微视。微视是腾讯于 2013 年开发的一款 8 秒短视频社交应用，用户可以通过微信、QQ 和 QQ 邮箱账号登录，同时用户可以把自己发布在微视上的短视频分享给微信好友，分享到微信朋友圈及腾讯微博。遗憾的是，因为当时短视频市场还不成熟，容量有限，微信于 2017 年 4 月关闭了此应用。然而后来短视频市场开始井喷式爆发，各种短视频占领了用户的碎片化时间，所以微视在关闭 10 个月之后宣布重新上线。

（4）美拍：深耕女性内容，占领"她经济"高地。一提起女性短视频社区，人们首先想到的就是"美拍"。如果说抖音记录了潮流少男少女娱乐的每一天，快手还原了小城镇青年的真实生活，那么美拍则为年轻女性提供了一个更好的展现自我、表达自我的平台。

（5）小咖秀：大咖热推下的模仿达人圣地。小咖秀是一款以模仿明星名人火起来的社交短视频应用，正如其所标榜的"人生入戏，全靠演技"，只要你模仿能力强，拥有演艺细胞，多才多艺，你就能在小咖秀上脱颖而出。

（6）最右：用户熬夜也要玩的搞笑平台。最右是一款汇集了各种幽默搞笑话题的社交类 APP，以发现兴趣、传递快乐为己任。你可以在最右看到热门、新鲜的评论，参与有趣的话题，也可以发现会心一笑的内容，找到合拍的小伙伴。简而言之，幽默搞笑是最右的最大特色，它以视频、段子、图片的形式把脑洞大开的内容呈现给了用户。

8.5.3　短视频平台活动的策划技巧

活动策划者在策划短视频平台活动时，可以从四个方面入手，扩大活动的吸引力和影响力，如图 8-22 所示。

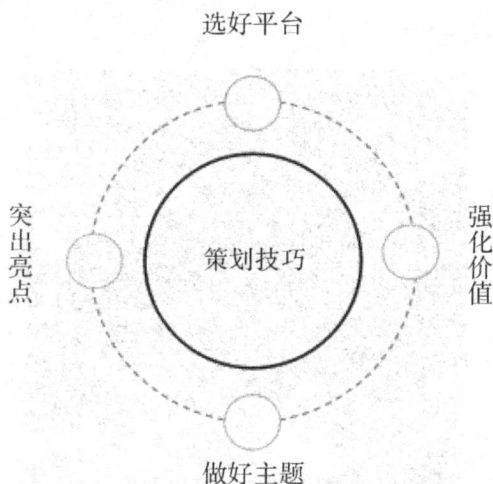

选好平台

突出亮点　策划技巧　强化价值

做好主题

图8-22　短视频平台活动策划技巧

（1）选好平台。活动策划者要根据活动的目的、属性、潜在用户群体等选择与之相契合的短视频平台，才能提升活动吸引力，放大活动影响力。如活动要想吸引农村用户群体，那么放在快手上比较合适，要想吸引女性用户群体，则可以放在美拍上。

（2）做好主题。短视频活动策划者要根据活动的目的确定一个最吸引用户的主题，在第一时间吸引用户，激发起用户参与活动的欲望。

（3）突出亮点。这个活动有哪些值得期待的亮点，与其他活动有什么差异？活动策划者要为活动打造一个或多个亮点。

（4）强化价值。告诉用户参与活动能够获得什么具体的好处，如一份意想不到的大奖、一种期望的生活方式，等等。

8.5.4　短视频平台活动文案写作技巧

短视频活动文案要想出彩，要精炼，要有内容，更要讲好故事。

（1）精炼。短视频自身特点决定了活动文案必须短小精悍，在叙事逻辑上要简洁，主题上要明确，能够让用户看一眼就明白，且被深深吸引住。

比如抖音用户"女神和女汉子"的活动文案就非常精炼：万通药业，就是这么实在！抓多少送多少！简简单单的两句话便把活动的吸引力扩大到了极致，如图 8-23 所示。

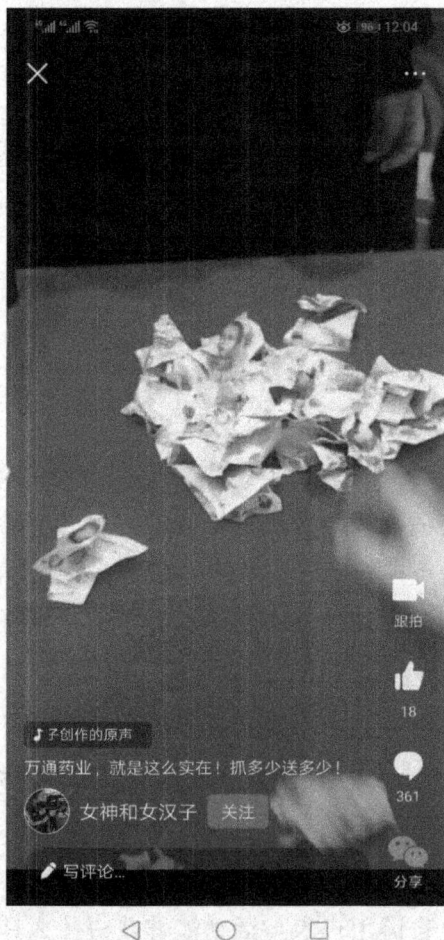

图8-23　文案精炼的短视频活动

（2）内容要有价值。文案在内容上要把活动能够为用户带来的价值说明白、讲清楚，可以在活动中叙述，也可以采用插播的方式，以俏皮幽默的方式传到用户的耳中。

有价值的内容往往会带给用户以下期望。

①对物质奖励的期望。

②彰显身份的期望。

③精神满足的期望。

④生活模式提升的期望。

（3）讲好故事。人人都喜欢看故事、听故事，因此，当文案和故事完美地结合在一起时，对用户的吸引力必然会更强烈。

①简练。短视频活动故事性文案要契合短视频自身的特色和要求。短视频本身短小精悍，这一特点要求文案故事也须简洁精炼，不能像电视剧、电影、小说讲故事一样，冗长而又复杂。

②找出好故事。想讲述一个好故事，策划者首先需要找到一个好故事。那么如何才能找到一个好故事呢？这就需要策划者根据活动主题寻找契合的故事素材，如图8-24所示。

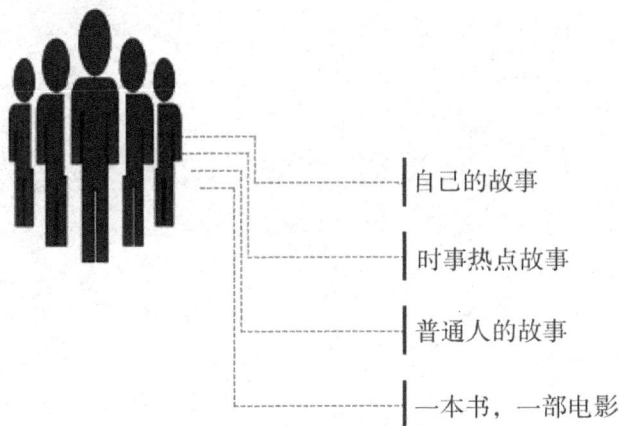

自己的故事

时事热点故事

普通人的故事

一本书，一部电影

图8-24　好故事素材来源

③用好矛盾冲突。如设置出人物渴望的东西，想要创业，想要减肥，想要获得更高的职位，等等。然后设置障碍，在之后讲述人物为了克服障碍做出的种种努力。

④情感共鸣。一个好故事，能够让人哭泣或者令人大笑，能引发人们在情感上的强烈共鸣！简而言之，好的短视频故事，其本质上并非呈现事件，而是向大家传递事件背后的情感内涵。

附录

各类活动策划技巧

1. 节假日活动策划技巧

节日和假日期间，摆脱了繁忙工作的人们有了更多的时间和精力参与活动。因此，企业要把握这一活动契机，掌握节假日活动策划的要点，从而巧妙地借助节假日的喜庆气氛高效地完成活动目的。

节假日活动策划具体需要从哪些方面入手呢？

（1）根据节假日特点确定活动风格。节假日不同，其风格特点也不尽相同，比如春节是团聚的节日，而"五一""十一"则是休闲旅游的假日，活动策划者在策划活动时，要根据节假日的不同灵活地匹配相应的活动风格，才能把活动做到用户的心中。

一家超市在元宵节到来之际，准备举办一项猜灯谜活动。考虑到元宵节的主要表现符号是花灯，活动策划者把整个活动的风格定为"花灯悬谜"，在各种花灯下悬挂谜语，制定相应的规则，以元宵、花灯等作为奖品，吸引了大批市民的参与。除此以外，只要消费者当天在超市消费额达到规定的数额，也会获赠一盏精美的花灯。

（2）突出活动主题。在策划节假日活动时，活动主题要给消费者留下新奇的感觉，让大家能够有一个轻松、愉悦的体验，整个活动才能收到良好的效果。

①主题要有冲击力。让消费者看后能够感受到强烈的冲击力，留下深刻印象。

②主题要有吸引力。能够说出消费者参加活动后所能得到的价值，调动消费者的积极性。

③主题要简短易记。简单易记，方便消费者口口相传，或者在自媒体平台上转发分享。比如2018年"光棍节"，淘宝便推出了"相约双11，五

折促销"活动，主题简短易记，在消费群中迅速传播。

（3）强化互动性。为了契合节假日的欢快喜庆气氛，活动策划者在策划节假日活动时，要强化活动的互动性，以互动营造娱乐氛围，提升消费者的喜庆体验。如在走秀活动中邀请消费者和模特一起登台，或者设置互动小游戏，等等。

（4）控制活动氛围。活动氛围好不好，将会在很大程度上影响到消费者的活动体验，因此活动策划者在策划节假日活动时，要掌控好活动氛围。

①利用音乐渲染气氛。通过播放节假日色彩浓厚的音乐，营造欢快氛围；通过播放搞笑音乐，营造幽默喜庆氛围。

②主持人调动气氛。活动主持人要能把握住活动的节奏，善于利用语言、动作、道具等调节活动气氛，不能冷场。

2. 促销活动策划技巧

对企业和商家而言，促销活动是经常开展的活动，相对于其他类型的活动更能提升企业产品的销量，为企业带来实实在在的利润。

（1）正向＋负向刺激，促使消费者提前下单。企业和商家开展营销活动，一个最主要的目的是刺激消费者提前下单，立即把产品搬回家。要想实现这一活动目标，企业和商家可以使用两种刺激方法，一种为正向刺激法，另一种为负向刺激法。

①正向刺激法。企业和商家可以设置一个预购时间，需要购买产品的消费者需要提前预付定金才能获得产品的购买资格，之后如果用户依然决定购买产品，那么提前支付的定金可以让他得到价值更大的东西，即可以进行相关的梯度升级。比如用户提前支付了 200 元定金，最终购买了 2000元的产品，那么 200 元可以抵用 400 元；假如购买得更多，比如 4000 元，那么 200 元则可以抵用 800 元。

②负向刺激法。负向刺激法的本质是费用返还，目的在消费者心中制造一种"不提前下单就会吃亏"的认知，促使消费者立即下单。比如当消费者看重一款产品有了购买意向时，老板可以发给他一张现金卡，里面预存了一定数额的可以在店内使用的金额，顾客可以在规定的期限内使用，享受当日返还的政策。但是顾客领取的时间越晚，所能享受的优惠就越少，从而促使顾客尽可能早地领卡，提前消费。

（2）强化体验感，增加消费者逗留时间。消费者在店内逗留时间越长，其购买产品的概率就越大，总消费数额就越大。而体验感强烈的活动则可以有效地增加消费者在店内的逗留时间。

①游戏活动。开展一些互动游戏，如"搬多少得多少""你消费我付款"之类的娱乐性十足的活动，能提升消费者在店内逗留的时间。

②产品体验活动。开展"试吃""试用"活动，不仅能大大地提升消费者对产品的认知，还能增加他们在店内的逗留时间。

③抽奖活动。抽奖活动能够有效地调动消费者的好奇心和参与感，大大增加消费者在店内停留的时间。

（3）买更多，买更贵，引导消费者提高预算。买更多是指活动策划者在做策划时，要把关联的产品让利幅度做大，而非给予消费者主要产品最大的优惠福利，这样消费者才会购买更多的产品。如一家灯具店，店主在策划促销活动时，不仅在客厅大灯上给出了一定的优惠，而且还在护眼台灯、厨房组合照明灯上给出了最大让利，从而引导用户一次性尽可能多地购买产品。

买更贵，是指在活动中引导消费者购买更加高端上档次的产品。活动策划者可以引导消费者体验高端产品，如免费使用、分期付款、赠送增值服务等，吸引消费者购买更高端的产品。

（4）人数多，优惠多。如果消费者组团购买，且人数达到了一定的数量，那么就可以享受到更多的福利和更大的折扣。另外，如果老顾客能够带新人来店消费，那么都能在店内享受一定折扣的优惠。这种活动一旦串联起来，便可形成磁石效应，必将大大提升产品的销量。

3. 会展活动策划技巧

会展活动是指在某个空间范围内围绕着一个主题开展的社会交流活动，主要包括展览主题活动、文化主题活动等。

（1）展览主题活动策划技巧。展览主题活动是随着社会经济、文化和政治的发展而产生的，主要围绕人文物质和人文精神而展开。

要想做好展览活动策划，可以从三方面入手。

①主题唯一。在策划展览主题活动时，必须首先保证活动主题的唯一性，要让整个展览主题活动和预期效果高度契合，让用户在第一时间对活动有一个清晰的认知。如此，展览主题活动才可能快速地走进用户的内心，赢得用户的好感。

②内容要有吸睛点。一般而言，展览主题活动要想在内容上吸引用户，就要具备如下特点：丰富而又多元的展示，视觉上具有冲击性，能够体现出艺术气息。这样，整个活动看起来才更加生动形象，更有参与价值。

③做好市场调研。充分精准的市场调研是做好展览主题活动策划的重要前提，如果不做或做不好市场调研，那么活动就可能跟不上市场节奏，或者漏洞百出，难以达到预期的效果。

（2）文化主题活动策划技巧。文化主题活动是指以某一文化为主题且围绕这一文化的特点、历史而展开的活动。在策划文化主题活动时，策划者需要从两方面入手。

①做好宣传。文化主题活动能否成功，与前期的宣传有很大关系，如果宣传得好，那么活动就能够在用户群体中引发轰动效应。活动策划者可以通过电视、报刊、网络平台、自媒体等宣传活动信息。

②以第三方口吻报道活动内容。第三方口吻总会给人留下一种相对客

观的印象，能够快速地让用户对活动产生好感和信任。

4. 企业活动策划技巧

企业活动是指在企业内部组织的活动，主要包括内部会议、员工娱乐等。

（1）企业会议活动策划技巧。策划好会议活动对企业的运营有着举足轻重的作用。一般而言，策划人员要想做好企业会议活动，可以从三个方面入手。

①善于思考。在策划企业会议活动时，策划人员需要思考几个问题：会议计划是什么？会议成本是多少？有没有预案？解决了这些问题，策划者才能保证会议策划方向正确。

②掌握规则。会议时间要确定，经费要公示，参会人数要控制，会议主题要公布，会议资料要提前准备好。

③例行规则。会议的时长，具体流程，都需要明确。

（2）企业员工娱乐活动策划技巧。这类活动，就是为员工带来愉悦体验，为大家减压，提供联络感情的平台。

一般而言，企业员工娱乐活动以互动游戏类型为主，可以让员工在游戏互动中获得更强烈的愉悦体验感。要想做好互动游戏，活动策划者可以从两方面入手。

①游戏规则要简单，易于理解。因为简单而易于理解的规则才能让用户参与后就能快速融入，体验到活动的乐趣，而复杂晦涩的游戏规则很难带给大家舒畅而愉悦的体验感。

②选择员工喜欢的游戏类型。游戏只有满足员工的期待感，才会取得良好的效果，因此活动策划者要提前调研，根据员工的喜好确定游戏类型。

5. 公关活动策划技巧

　　企业要想提升品牌知名度和美誉度，提升产品在用户群体中的品质印象，就离不开公关活动。公关活动具体包括公益活动、新闻发布会等。

　　（1）公益活动策划技巧。对企业而言，公益活动代表了企业的社会责任，能显著地提升企业品牌的知名度。公益活动的主题选择较为丰富，如关爱留守儿童、慰问孤寡老人、为环卫工提供午餐，等等，企业可以结合自身能力和行业特点选择。对公益活动而言，效果好不好，最重要的还在于传播。传播得好，所受关注度就高，企业品牌知名度就越高；反之，传播不畅，公益活动对企业品牌的塑造效果就不明显。

　　那么，如何才能提升企业公益活动的传播效果呢？

　　①做好广告，大范围传播活动信息。如企业可以在电视、报刊、知名网络平台、自媒体上做广告，宣传公益活动。

　　②利用好公共载体。利用社会对公益活动的关注，做好专题，吸引媒体关注和传播。

　　③利用好人际关系。利用企业品牌的粉丝、熟悉的媒体工作者、合作伙伴、明星、亲友等宣传公益活动。

　　（2）新闻发布会。新闻发布会是企业公关活动的一个重要类型，特别是在发布新产品或者披露重大信息时，新闻发布会更是第一选择。因此，活动策划者要掌握策划新闻发布会的方法和技巧。

　　①选择的发言人要有权威性。在新闻发布会上发言的人，权威性越强，就越能帮助企业有效传递信息，如企业老板、产品设计总监等亲自发言。

　　②突出信息的独家性。信息越稀缺，越独家，就越能吸引各大媒体关

注报道。因此，新闻发布会策划者要在信息的独家性上做好文章。

③提供新闻通稿，便于新闻媒体记者编辑稿件。需要注意的是，提供给记者的新闻通稿内容不要冗长，言简意赅即可。

在策划新闻发布会时，策划者要规避一些常见的问题，如喧宾夺主、主次不分等。这就需要把策划重点放在发布会主题上，在渲染气氛的时候要适度。

6. 行业活动策划技巧

不管企业所处行业如何，要想保证高效运营，提升产品的知名度和品牌美誉度，就离不开活动。因此，活动成了餐饮、母婴、游戏等行业的重要营销和宣传手段。

（1）餐饮行业活动策划技巧。餐饮行业是通过即时服务加工制作、商业销售和服务性劳动于一体，面向消费者专门提供各种食品、饮品、消费场所和设施的食品生产经营行业。消费者在餐饮店不仅想获得美食，还想在享用美味的同时获得更舒心的服务。基于消费者的这种需求，餐饮行业会经常策划一些活动来吸引消费者的眼球，提升消费者的体验感。

①邀请自媒体大咖试吃。

a. 试吃活动要高调。餐饮企业邀请自媒体大咖试吃，要坚持"大操大办"的原则，尽量把声势做大，最好能在网络上形成一个热点话题。这样餐饮企业才能最大限度地聚集人气，提升自身品牌和美食产品的曝光率。如举办记者招待会，邀请自媒体大咖发言；全程网络直播，提升网络关注度，等等。

b. 打造试吃话题。要想提升活动热点，以最快的速度传播相关信息，试吃活动就要有一个或者多个话题。因为话题的产生能够快速地聚集人们的关注度，带热相关人物和美食。如聚焦自媒体大咖对美食的正面评价、聚焦试吃产品的特色，等等。

c. 推动大咖发文推荐。餐饮企业邀请自媒体大咖试吃，一个最直接的目的就是借助这些大咖的影响力提升自身菜品的知名度，快速地吸粉。

擒牛塘牛肉火锅在开业之前举办了一场试吃推广活动，一次性地摆出了四锅不同风味的美食，邀请自媒体大咖、美食达人参与。试吃活动结束后，各自媒体大咖相继在平台上发文，对擒牛塘牛肉火锅进行推荐，取得了很好的营销效果。

②请你来吃"霸王餐"。对顾客而言，没有什么比"免费"更兴奋的事情了。很多人一听到"免费"二字，不管喜欢还是不喜欢，都会凑个热闹。为什么人们会对免费的东西感兴趣呢？从心理学上看，每个人都有占便宜的心理，渴望能够花费最小的代价获得最大的汇报，甚至不用获得任何付出就能获得自己想要的东西。正是因为这种心理的存在，人们才更关注"免费"，更容易被"免费"的商品所诱惑。

餐饮企业在策划活动时，可以巧妙地利用人们喜欢占便宜的心理，推出"霸王餐"活动。所谓"霸王餐"，顾名思义，就是吃完饭不给钱，对顾客而言其实就是一种"免费"吃大餐的诱惑。餐饮企业可以通过邀请顾客吃"霸王餐"的活动提升店内人气，推动顾客"信任背书"，打响品牌知名度。

南京知名的粉面馆有很多，但是鸿福面馆一直是其中最知名的几家之一。这家面馆最初是在微博上一夜爆红的，以58元一碗的鸿福面为招牌，吸引了络绎不绝的客人。鸿福面馆除了美味之外，吸引客人的还有"霸王餐"挑战活动。

鸿福面是南京当地的特色面，不仅份量大，而且味道鲜美。厨师把众多食材巧妙地融合在一起，制成了大家熟知的"挑战面"。只要一个人能够吃掉面馆提供的"挑战面"，那么这碗面就可以免费了。正是有了"挑战面"的存在，每天，鸿福面馆内都会人潮涌动，吸引着天南海北的食客前往。

③"二次元"文化引爆年轻食客。从A站、B站的爆红，到各种动漫电影、古风音乐的广泛传播，近年来"二次元"文化开始以各种各样的姿态走进大众的视野，特别是年轻人的生活中。所谓"二次元"，可以是一

种爱好，一种文化认同，也可以是一种幻想。"二次元"一词最早出现于日本，因为早期的动画、漫画、游戏作品等都是二维图像构成的，所以便被称为"二次元"世界，与之相对应的便是"三次元"的现实世界。

由此可见，"二次元"是一股不可忽视的消费潮流，是影响年轻消费群体消费选择的重要风向。所以餐饮企业在进行活动策划时，要想紧紧地抓住年轻消费群体，就必须拥抱"二次元"。

（2）母婴行业活动策划技巧。当前，母婴行业竞争非常激励，各种活动层出不穷，活动的好坏决定了母婴店的营收高低。

①策划好传播话题。推销界的"250定律"，是美国著名推销员乔·吉拉德在漫长的推销生涯中总结出来的。这个定律在母婴店活动传播中同样适用，如果母婴店能够赢得一位顾客的信任，就能吸引更多的人来店消费。

a.把顾客视为家人，通过极致产品和服务推动顾客传播活动话题。

b.鼓励顾客在自媒体平台分享产品使用心得。如在微博、微信朋友圈晒图，可以给予一定的奖励，提高顾客分享产品使用心得的积极性。

c.引导顾客创作和产品相关的内容，比如评论有奖。

②用"三试"推动顾客传播产品口碑。什么是"三试"？"三试"就是试吃、试穿、试用。要想让顾客深层次地了解母婴产品的相关品质、功能，母婴店就要通过"三试"把顾客和自身产品密切地联系起来，让顾客能够看得到、摸得着、尝得到，从而在第一时间提升顾客的感知和体验，推动顾客创作与产品相关的内容或者传播母婴产品话题。

（3）搭建让顾客一见钟情的场景。母婴行业要想做好活动，就要学会搭建让顾客一见钟情的场景。所谓场景，原本是指戏剧、电影中的场面，后来泛指情景。具体到母婴店活动，场景就是把顾客和活动连接起来的情景，它能够极大地提升顾客的参与感和体验感，增强活动的仪式感。

策划者如何搭建让顾客一见钟情的场景呢？母婴店要做好两个方面：其一，把顾客和产品连接起来，让顾客积极主动地参与到活动中；其二，把顾客情感和活动连接起来，提升顾客的体验感。